MEMOIRE

en Images

GRADIGNAN

Jacques Clémens

ALAN
SUTTON

Dans la même collection

Région Aquitaine

Arcachon (bassin de)
Arès
Bergerac
Bordeaux
Caudéran
Dax et ses environs
La Brède (canton de)
La Côte Basque (de Guéthary à Hendaye)
Le Créonnais
Mont-de-Marsan
Périgord Pourpre
Pessac
Talence

Région Poitou-Charentes

Angoulême
Argenton-Château (canton de)
Bressuire
Châtelleraudais I et II (pays)
Chauvigny et son canton
Cognac
Ile de Ré
Jarnac
Jonzac et son canton
La Gâtine
La Rochelle
La Tremblade et la presqu'île d'Arvert
Le Confolentais
Lezay et Sauzé-Vaussais (cantons de)
Lusignan et son canton
Montmorillonnais I et II (pays)
Parthenay
Pays Thouarsais (le)
Poitiers (pays de)
Rochefort
Royan et la côte
Ruffecois (pays)
Saintes
Saint-Julien-l'Ars (canton de)
Saint-Savin (canton de)
Surgères
Thouarsais (pays)

De nombreux ouvrages ont été publiés dans les autres régions françaises.
Un catalogue de près de 500 titres est disponible sur simple demande
auprès de votre libraire, ou aux Editions Alan Sutton.

Editions Alan Sutton
21, avenue de la République
37300 Joué-lès-Tours

Première édition mai 2000

ISBN 2-84253-463-8

Dépôt légal : mai 2000
Imprimé en Grande-Bretagne par Midway Clark Printing, Wiltshire

Sommaire

Bibliographie

Gradignan, Pierre Bridonneau (avec la collaboration de MM. Roumégoux et Rambaud), 1967.
Gradignan du village à la ville, Alain Cazenave-Piarrot, TER, Institut de Géographie, Université de Bordeaux III, 1970 et publié dans *Revue historique de Bordeaux*, 1974, p. 123-137.
L'évolution démographique de la commune de Gradignan du milieu du XVIIe siècle à la fin du XIXe siècle, Georges Dubrez, TER, Institut d'Histoire, Université de Bordeaux III, 1980.
Gradignan, vues et vécues, G. Barbier (avec une préface de R. Canivenc, maire de Gradignan).
Ensemble, Bulletin municipal de Gradignan, à partir du numéro 1, 1977.
Gradignan, de la ville à la vigne, Francine Musquère (photographies Jean-Michel Mure), Bordeaux, 1995 et catalogue de l'exposition *Gradignan 1900-1954*, 1994.
La banlieue de Bordeaux. Formation d'une juridiction municipale suburbaine (vers 1250-vers 1550), Michel Bochaca, Paris, 1997.
Etat des recherches sur l'hôpital-prieuré de Cayac (Gradignan), M.-A. Gaidon, dans *Bulletin et Mémoires de la Société Archéologique de Bordeaux*, tome LXXV, 1984, p. 29-38.
Nouveaux documents sur le château de Laurenzane à Gradignan aux XVIIe et XVIIIe siècles, Marie-France Lacoue-Labarthe, dans *Revue archéologique de Bordeaux*, tome LXXXVII, 1996, p. 131-146.

Remerciements

Nous devons remercier pour leur aide dans la collecte des images et dans l'élaboration de leur commentaire, A. Cazenave-Piarrot qui nous a autorisé à reproduire les photographies accompagnant sa recherche en 1970 et restées jusqu'alors inédites ; René Canivenc, maire de Gradignan avec tous ses collègues et ses collaborateurs, plus particulièrement Jean-Michel Mure, photographe, et mademoiselle Nuret, pour la communication des archives municipales ; messieurs Henry et Jean-François Pée, Denis Dupuch, monsieur et madame Paul Lavillenie, collectionneurs gradignanais, Christian Rambaud, Denis Le Lann, José Sainz et Marie-France Perrin, pour leur aide et encouragements.

Introduction

Les monographies de communes de l'agglomération bordelaise et voisines de celle de Gradignan dans la collection *Mémoires en Images* ont permis entre autres d'illustrer certains éléments fondamentaux d'histoire géographique : la notion d'« amour de la petite patrie » (vicologie) à travers l'exemple du pays de Buch (le Bassin d'Arcachon) ou de la cité de *Burdigala* (Bordeaux) et le phénomène multiséculaire de banlieue (Pessac), etc. L'histoire géographique appelée parfois géo-histoire s'est, en effet, dégagée à partir des années 1930 de la géographie historique traditionnelle (Ch. Higounet, 1968), en particulier par la pratique de la méthode régressive ou rétrospective. Cette méthode peut être assimilée au niveau des images à celle de la fouille archéologique d'un site, fouille qui commence par la découverte des couches les plus récentes pour atteindre les strates les plus anciennes.

Aujourd'hui Gradignan a conservé son identité grâce à l'entretien de sa mémoire historique. En 1896, presque la moitié de la population était née sur la commune. En 1968, les Gradignanais de souche représentaient un peu moins de 15 % de la population. C'est aussi une exemplaire mise en valeur du patrimoine communal et de son environnement. Dès 1978, la politique communale de conservation des espaces boisés s'est effectuée grâce à la règle des 4/5e, façon originale et unique en France, du moins à l'époque, de garantir à la cité la constitution et la réservation d'un « patrimoine vert ». Lorsqu'un domaine en zone rurale (ancienne propriété viticole en général d'au moins un hectare) est mis en vente, la municipalité intervient auprès des promoteurs et négocie de façon à ce que les 4/5e de la propriété entrent dans le domaine public. Les droits à construire étant reportés sur le 1/5e restant. De nombreux parcs de châteaux sont donc devenus communaux grâce à cette réglementation municipale : parcs de Laurenzane, de Mandavit, du Sabatey ou de Cotor, etc.

En 1997, Gradignan comptait 21 parcs communaux ouverts au public (208 ha contre 60 ha en 1978), ce qui fait 100 m^2 d'espaces verts par habitant et un parc à moins de 500 m de chaque habitation.

Or, tout pouvait basculer en ce milieu du siècle, avant que Gradignan devienne une banlieue « chic » de Bordeaux, un nouveau « Neuilly », d'autant plus que dans de nombreuses villes françaises, les banlieues aisées s'implantent dans des sites élevés, agréables, au-dessus de la ville, de ses fumées, de ses bruits. De 1954 à 1968, Gradignan est devenu une ville dortoir de la banlieue bordelaise. A 6 km du boulevard périphérique et 9 km du centre de Bordeaux, compris entre Talence et Pessac au nord, Villenave-d'Ornon à l'est, Canéjan à l'ouest et Léognan au sud, Gradignan appartient à la seconde banlieue dans la couronne de communes qui ceinturent Bordeaux. Talence lui faisant écran par rapport à Bordeaux, mais étant presque totalement urbanisée, le processus urbain a atteint Gradignan seulement à partir de 1954. Elle est une

commune moyenne par sa superficie (1 577 ha) entre Talence (855 ha) ou Bègles (996 ha) et Pessac (3 882 ha) ou Bordeaux (4 455 ha). Sa population était d'environ 1 600 habitants en 1830 ; 2 672 en 1886 ; 2 982 en 1921 ; 3 418 en 1936 ; 4 807 en 1954 : 7 182 en 1962 ; 10 789 en 1968 ; 13 310 en 1970 ; 18 691 en 1975 ; 21 441 en 1982 ; 21 727 en 1990 et 22 834 en 1999. Ainsi depuis le début des années 1980, c'est une pause démographique qui, associée aux initiatives municipales pour la sauvegarde du cadre de vie, a donc permis le maintien mais aussi l'adaptation moderne du traditionnel « bien vivre ensemble à Gradignan ».

En 1896, Gradignan, village vigneron, n'envoyait presque aucun de ses habitants travailler à Bordeaux. En 1936, 81 % de la population active travaille toujours à Gradignan. En 1968, les actifs travaillant à Gradignan ne représentent plus que 2,9 % du total, 46,7 % de Gradignanais actifs travaillent désormais à Bordeaux.

Or, en juin 1970, notre collègue géographe, Alain Cazenave-Piarrot, a consacré un travail d'études et de recherches à l'université de Bordeaux sur « *Gradignan, du village à la ville* », plus particulièrement de 1954 à 1968. Si l'essentiel de ses observations a été publié en 1974, les photographies qui accompagnaient le mémoire initial étaient restées inédites. Elles permettent, certes modestement, une approche régressive ou rétrospective du phénomène d'urbanisation d'une banlieue rurale, non seulement par une confrontation abrupte d'images de la Belle Epoque et d'un constat contemporain, mais aussi par une mémoire intermédiaire, celle des images de Gradignan vers 1968.

I

Du village à la ville (1954-1968)

L'histoire récente de Gradignan peut se résumer en celle d'un bourg rural vivant de l'exploitation d'un terroir viticole et herbager s'intégrant dans l'espace urbain bordelais, et d'une volonté de conservation et de mise en valeur de son patrimoine naturel et historique, bref une mémoire en sites et en monuments. Or c'est récemment que la commune s'est dotée d'armoiries. Les *meubles* choisis rappellent les temps forts de son histoire : le léopard de Guyenne, pour la présence anglaise pendant cinq siècles, les coquilles Saint-Jacques, disposées de part et d'autre d'une bande qui figure l'Eau-Bourde et la tour du Castera pour le comté d'Ornon. Comment expliquer le côté tardif des armoiries de la ville et la richesse de son patrimoine ?

Comme le montre cette photo en 1970, les vignes mal entretenues et les champs abandonnés révèlent que la campagne recule. En arrière-plan, les trois tours d'habitation, récemment construites, se devinent. Seules quelques exploitations maraîchères et laitières subsistent. La commune vient d'entrer dans la Communauté urbaine de Bordeaux. Le puits, au premier plan témoigne que jusqu'à la mise en place d'un réseau de distribution d'eau potable de 1952 à 1961, il a été un élément fondamental de la vie à Gradignan.

Cette photo prise dans les années 1990 montre le moulin de Montgaillard, sur l'Eau-Bourde, après sa restauration. Aux XIXe et XXe siècles, l'Eau-Bourde était une rivière mal entretenue et fortement polluée. C'est en 1978 que la municipalité a entrepris d'aménager la vallée. Depuis l'acquisition par la commune de la quasi-totalité des rives, l'entretien et la surveillance sont assurés par les services municipaux. D'importants travaux de consolidation et d'embellissement ont été réalisés, ce qui a transformé l'Eau-Bourde en une véritable coulée verte au cœur de la ville.

Certains grands ensembles marquent spectaculairement en 1968 l'urbanisation de la commune. Comme son nom l'indique, la résidence des Trois Tours (1962) présente un groupe de constructions de neuf étages en bordure de la RN 10 à son intersection avec l'ancienne route de Canéjan. Ce type d'architecture de grand ensemble est rare à Gradignan (Clair-Logis, La Prairie). Notons le dépouillement extrême des lignes architecturales.

Le goudron recouvrait avant 1955 les principales routes secondaires, mais comme le montre la photo du chemin du Moulineau en 1970, des nids de poule truffaient le macadam des chemins vicinaux. A gauche, et à l'arrière-plan du chemin du Moulineau, se perçoivent les installations du troisième forage dans l'éocène inférieur (couche géologique de l'ère primaire) de la commune pour pallier les insuffisances estivales dues aux « pointes d'arrosage ».

Cette photo du chemin de Bénédigues en 1970 marque la transformation des chemins ruraux en voirie urbaine : renforcement de l'électrification, travaux d'adduction d'eau, mise en place d'un tout-à-l'égout et d'une station d'épuration des eaux usées. Ces aménagements accompagnèrent l'urbanisation qui démarra en 1954.

Le parc de Saint-Géry, lui aussi en bordure de la RN 10, s'érige sur un ancien domaine dont les clôtures corsètent encore les bâtiments. Les constructions de plusieurs étages s'intègrent au parc arboré. Les garages sont souterrains. Les résidents disposent aussi de terrains de jeux, d'allées pour piétons, etc. Ainsi, dès 1968, on trouve une nette prédominance de constructions confortables, intégrées dans un cadre agreste (l'Ermitage ou Bel-Air).

Gradignan a su éviter les ensembles du type Sarcelles. A côté des Trois Tours, résidence d'employés et cadres du CEA au Barp, et du parc Saint-Géry, résidence de militaires et de techniciens, la résidence des Rosiers-Bellevue, sur le versant nord du vallon de l'Eau-Bourde (petits buildings de trois étages dans un parc), est très prisée. Le long de la RN 10, les 176 studios de La Pléïade, à l'architecture pyramidale et aux garages en sous-sol, furent achevés en 1970.

Les constructions individuelles se sont multipliées à partir de l'entre-deux-guerres et se sont parfaitement intégrées dans le paysage. Il s'agissait d'abord de résidences secondaires construites au carrefour de la route de Canéjan et du chemin d'Ornon, le long des rues du Professeur Bernard et de la Libération. A Canteloup, comme le montre la photo, il s'agissait d'une résidence modeste, réduite souvent à une pièce.

Dans le quartier du Moulin d'Ornon, des résidences secondaires plus aisées ont été construites. Elles ont d'abord été habitées seulement l'été ou en demi-saison, par des Bordelais fuyant la touffeur estivale de la ville. Le jardin est agrémenté de palmiers, d'érables, et d'une pergola. La petite maison de vacances devient, dès 1968, un habitat permanent, ce qui provoque des agrandissements souvent improvisés.

A partir des années 1920, le nombre de Gradignanais qui allèrent s'employer à Bordeaux ou des travailleurs qui élirent domicile dans la commune devint sensible. Les résidences secondaires devinrent principales et les lotissements de Rosiers-Bellevue (1925) et de Laurenzane (1934) furent viabilisés. Le premier s'ordonne dès avant-guerre autour des rues de Pessac, de Loustalot, Gabrielle, de Bellevue et Edouard Michel. Sur 59 maisons en 1968, 9 sont de style basque. Sur 14 appellations lisibles : 4 basques, 4 champêtres, 2 sentimentales...

Le lotissement de Laurenzane a été créé en 1934 autour des rues de Laurenzane, des Erables, des Saules, des Lauriers et s'étend à l'est du Bourg. Le pavillonnaire des années 1955-1965 auquel appartient cette maison photographiée en 1970, consiste en général en un bâtiment carré, avec ou sans étage, placé au milieu d'un jardin. Le seul élément décoratif se réduit souvent à un escalier extérieur. Dans le jardin se dresse un garage ou un appentis.

A côté d'une urbanisation d'un certain standing, la Cité Jardin se présente en 1968 comme une « enclave ouvrière ». Les terrains en bordure de la RN 10, ensemble de logements sociaux, appartenaient au domaine Deutch de la Meurthe et actuellement au Centre communal d'action sociale de Bordeaux. Ils furent affectés durant la Seconde Guerre mondiale à l'armée d'occupation italienne qui construisit des pavillons destinés au repos des sous-mariniers et des employés de la base de Bacalan. Les maisonnettes furent affectées ensuite au logement des familles modestes.

En 1968, le « pavillon de recherche » se trouve dispersé sur tout le territoire communal. On le rencontre aussi bien près du Bourg (lotissement Laurenzane, avenue de la Libération, rue de Loustalot) que dans les écarts les plus reculés (A l'Espagnol, à l'extrémité sud de la commune). Basse ou à étage, la maison capte la lumière par une grande extension des surfaces vitrées, mise en valeur des poutres en bois ou en acier de la charpente, agencement fonctionnel de niveaux d'habitation, de surfaces de dégagement, de patios, etc. La photo reproduit un de ces « pavillons de recherche » au Moulin d'Ornon, en 1968.

Ci-contre, la famille Deutch céda également les terrains sur lesquels est édifiée la cité Baticoop. Cette cité qui a précédé celle de Lange-Prairie (à partir de 1968) a été construite en 1957, en bordure de la route de Canéjan (rue des Bergeronnettes, rue des Mésanges). Elle dispose de la place Deutch de la Meurthe et de jardins d'agrément, d'un centre social, d'un petit groupe commercial et d'une école primaire.

La résidence Loustalot, sur une partie du domaine Saint-Albe, fut construite en 1969-70. Devant cet ensemble de buildings de quatre ou huit étages s'étend le domaine campagnard de Saint-Albe dont il reste séparé par une clôture. En 1970, « *milieu en gestation, englué dans la boue des chantiers, vrombissant des bétonnières et des grues, maisons inachevées, grands ensembles en construction, tranchées et bulldozers symbolisent cet univers en gestation, qui digère le milieu rural environnant* », selon A. Cazenave-Piarrot, qui l'identifie avec un « front urbain ».

Inaugurée en 1967 comme prison de l'an 2000, la maison d'arrêt, située au lieu-dit Bourdillat, se dresse avec son mur d'enceinte haut de 7 mètres. A côté, le centre destiné à la rééducation des délinquants mineurs et, à proximité, les logements de fonction du personnel de surveillance, se trouvent sur les espaces ruraux environnants. En 1999, l'établissement compte 620 détenus et 174 surveillants (en tout 230 employés).

Une maison vigneronne traditionnelle au Chouiney. Au premier plan, la parcelle de vigne est reconquise par l'herbe. Les vieux quartiers, les écarts, conservent en 1968 leur cachet à Canteloup et ces alignements de maisons vigneronnes (Le Courneau, Bénédigues), mais certaines font déjà partie du tissu urbain (Beaudon, Brannes).

La maison vigneronne présente une longue toiture en tuiles romaines descendant très bas vers l'arrière (pluies d'ouest). Sa façade est en pierres de taille. Sous le même toit se trouvent les pièces d'habitation et les installations vinicoles. Cette photo de 1970 montre une de ces maisons à Bénédigues qui a subi quelques aménagements : bâtiments annexes transformés en garages, auvents en matière plastique, etc. Désormais, ce ne sont plus des vignerons qui les habitent mais une population travaillant en ville.

Dans la rue de Loustalot, une parcelle de vigne est noyée en 1968 sous la vague des pavillons. Des lanières de campagne sont encore épargnées par les constructions dans d'autres secteurs (Martinon, Bénédigues). Le quartier au nord-ouest reste, en 1970, le plus agricole avec 6,3 % d'agriculteurs dans la population active.

Vaches laitières, parcelles de vignes encore entretenues, serres de maraîchers, carrés de maïs, prouvent encore le maintien d'une certaine activité agricole en 1968. Mais comme la photo le montre à Ornon, un pacage dégradé avec des clôtures non entretenues, des buissons de ronces, criblage des taupinières et paillasses d'herbe sèche, signalent la désertion agricole et l'attente de l'urbanisation.

II

Le vieux bourg et les anciens quartiers

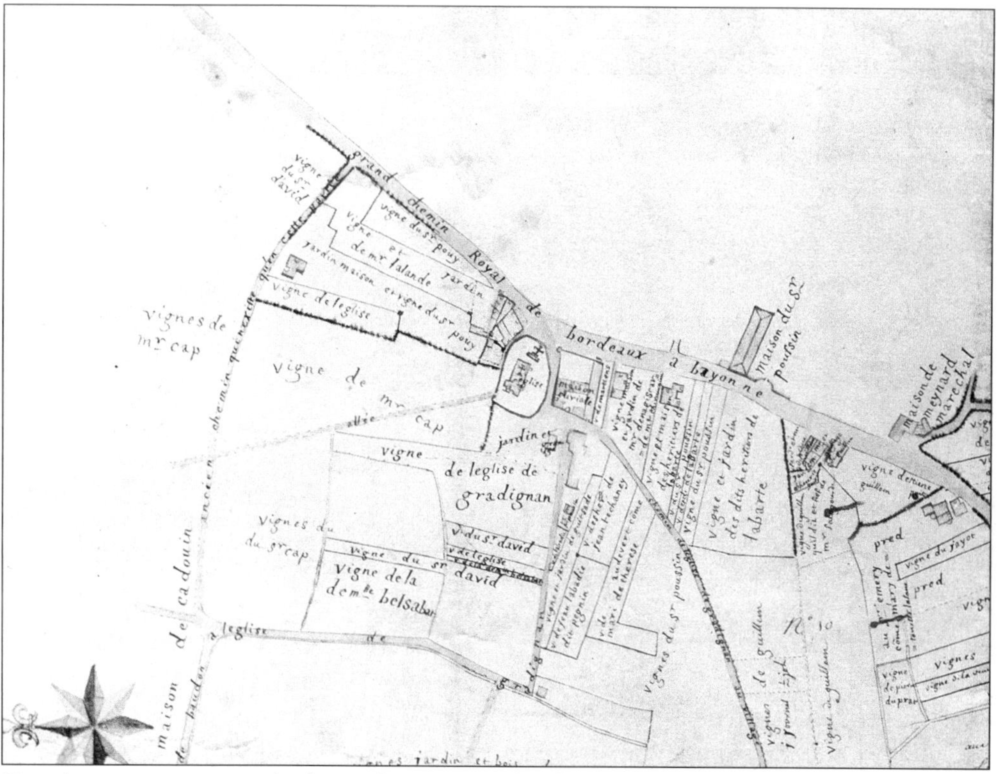

Des plans conservés aux Archives départementales de Gironde montrent l'image de l'habitat et du terroir de Gradignan au XVIIIe siècle : un petit bourg autour de l'église Saint-Pierre et de sa place en bordure du grand chemin royal de Bordeaux à Bayonne et un habitat dispersé ou de hameaux au milieu d'un vignoble avec des jardins, des prés et des bois. Remarquons du côté opposé de l'église, en bordure du chemin royal, la mention de la maison du Sieur Pourcin, négociant de Bordeaux, Nîmois d'origine (1699-1774), qui existe toujours au 140, cours du Général de Gaulle et qui est donc une des maisons les plus anciennes de Gradignan.

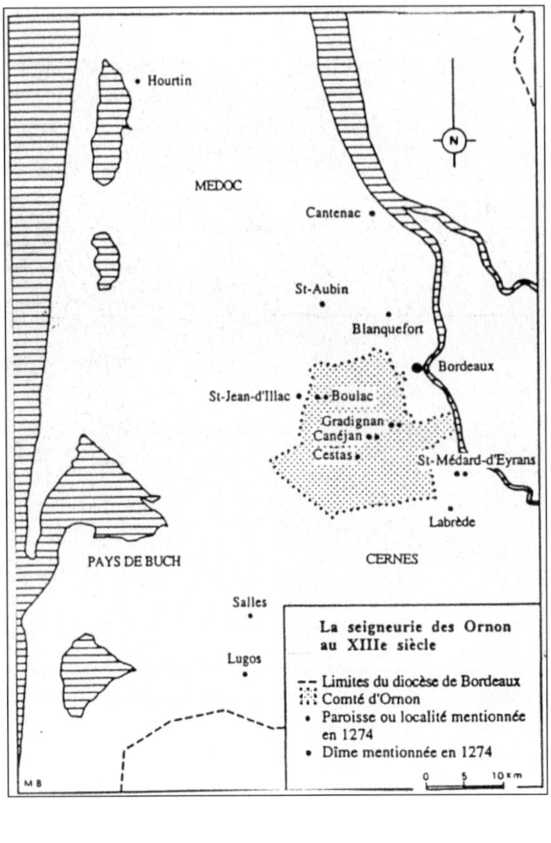

La motte de Saint-Albe est une butte artificielle entourée d'un fossé et identifiée comme une fortification médiévale. Elle se trouvait chemin Saint-Albe qui donne sur la route de Canéjan et sur l'avenue de la Poterie. Cette motte avec basse-cour est improprement appelée Saint-Albe du nom d'une propriété voisine actuelle, la propriété encadrante s'appelle Montgaillard. Or, un Bernard de Montgaillard est attesté comme seigneur d'Ornon au XIVe siècle.

Le lieu-dit Ornon, situé dans la paroisse de Gradignan, à proximité duquel s'élevaient la motte de Saint-Albe et le Castéra, était le centre patrimonial d'un vaste ensemble dont les biens et les droits se dispersaient à travers le Bordelais. La seigneurie foncière et justicière sur un groupe de paroisses autour de celle de Gradignan était connue sous l'appellation de comté ou *comtau* d'Ornon (M. Bochaca, 1997).

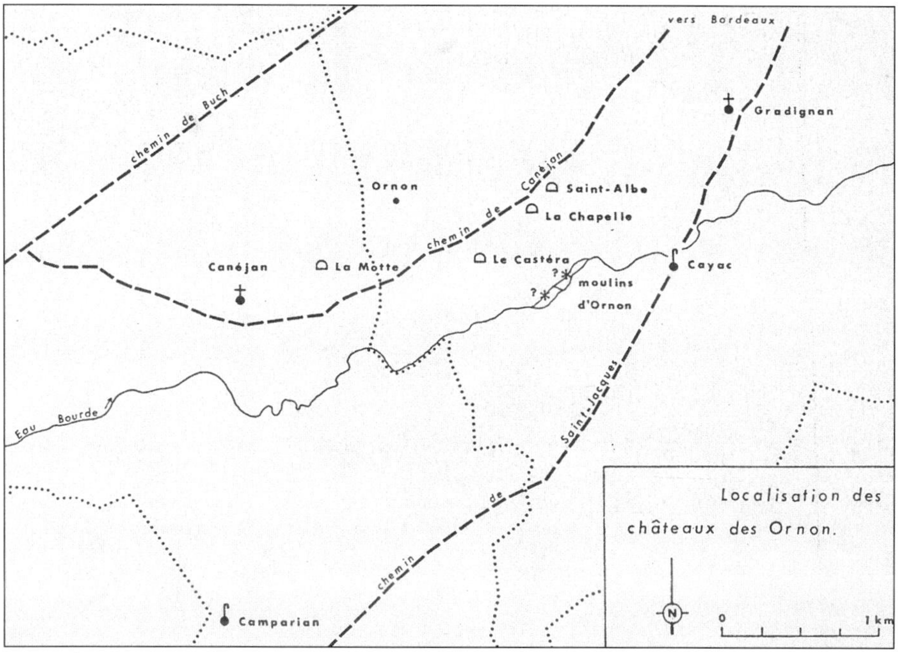

Le comté d'Ornon a été détenu jusqu'à la fin du XIVe siècle par une puissante famille aristocratique de Gradignan attestée dès la fin du XIe siècle. Elle avait en effet établi son premier pouvoir sur un groupe de mottes et de retranchements de terre situés sur la rive gauche de l'Eau-Bourde (moulins) et à proximité de grands itinéraires.

Cette emprise est attestée par plusieurs mottes mais aussi par les vestiges du dernier château d'Ornon ou Castéra. Ainsi subsistent encore sur une plate-forme les vestiges d'une salle de plan rectangulaire, flanquée d'un donjon (10 mètres de haut) occupant l'angle nord et accolée à une motte. Ce château a été détruit en 1405 par le comte d'Armagnac. Il a servi de carrière de pierres dès 1527 et les ruines ont été vendues à un bourgeois de Bordeaux en 1795.

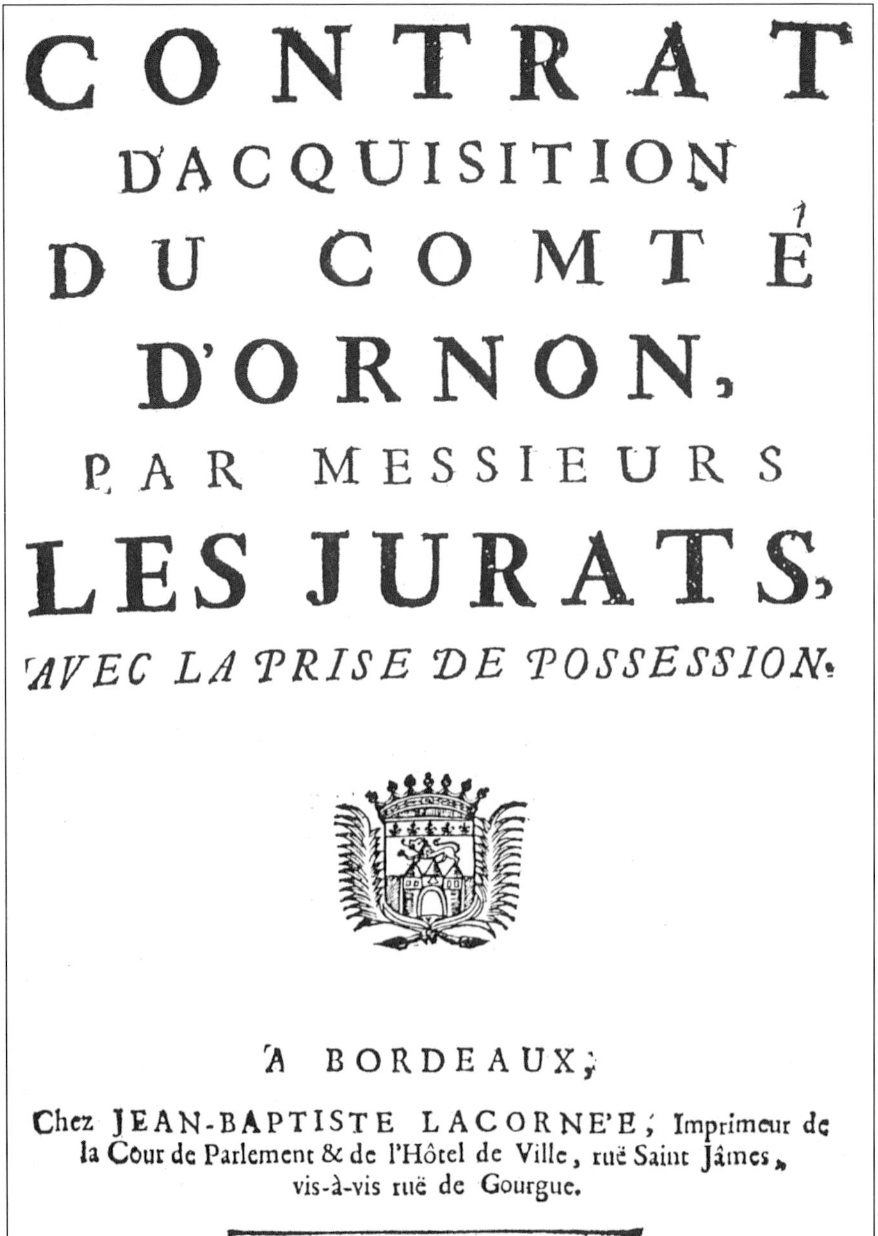
CONTRAT
D'ACQUISITION
DU COMTÉ
D'ORNON,
PAR MESSIEURS
LES JURATS,
AVEC LA PRISE DE POSSESSION.

A BORDEAUX;

Chez JEAN-BAPTISTE LACORNE'E, Imprimeur de la Cour de Parlement & de l'Hôtel de Ville, ruë Saint Jâmes, vis-à-vis ruë de Gourgue.

MDCCXXX. ←(1730)

Ce sont les Bordelais qui ont semble-t-il « inventé » la banlieue, une entité administrative, judiciaire et fiscale, régie par le droit urbain sous l'autorité du maire et des jurats de Bordeaux, vers 1250, lors des troubles qui agitèrent le duché d'Aquitaine. Avec ténacité, ils cherchèrent à renforcer leurs droits, profitant du déclin des vieux lignages aristocratiques des environs. Or Gradignan faisait non seulement partie de la banlieue mais aussi du comté d'Ornon. A la suite du décès de Marie d'Ornon, dernière dame d'Audenge et d'Ornon, en 1390, et la prise de possession du roi-duc ou de divers seigneurs, le comté d'Ornon fut vendu à la jurade de Bordeaux le 17 décembre 1419.

ARTICLES DE MONITOIRE
A IMPÉTRER,

A la Requête de M. le Procureur-Général du Roi au Parlement, suivant l'Arrêt de la Cour du 23 Juin dernier, pour être publiés dans les Eglises Paroissiales de Saint Michel & de Sainte Eulalie de Bordeaux, de Saint Seurin lès Bordeaux, de Mérignac, d'Eysines, de Begle, de Villenave, de Cerons, de Talence & de Gradignan.

DIT l'Impétrant, qu'au mois de Mars 1778 la Dame veuve Labatut fut nuitamment assassinée dans sa maison du lieu de Cauderan, Village de Saubos, Paroisse de St. Seurin, par des Quidams, au nombre de cinq, armés d'un fusil & de pistolets, & qui avoient le visage couvert ou enveloppé de mouchoirs, lesquels, au moyen d'une barre de fer qu'ils fausserent ou enleverent d'une croisée, s'introduisirent vers minuit dans ladite maison, dont deux ou trois jours auparavant ils étoient venus examiner la situation & les êtres; & ayant pénétré dans la chambre où ladite Dame & ses Servantes étoient couchées, forcerent ladite Dame, en la menaçant, & ses Servantes, de leur brûler la cervelle, à leur livrer les clefs, & à se lever pour leur ouvrir elles-mêmes ses armoires & bureaux, & lui volerent son argent & ses bijoux, son argenterie, son linge, ses hardes, & presque tous ses meubles & effets.

Que dans le même mois de Mars 1778, la maison du sieur Noulabade, audit lieu de Cauderan, dans laquelle il n'y avoit alors personne, fut également dévastée & démeublée, dans une nuit, par des Quidams qui s'y introduisirent aussi par le moyen d'effractions qu'ils firent de la même maniere à une croisée, & qui en enleverent presque tous les meubles & effets.

Qu'au mois d'Avril suivant, la Dame Galineau fut, aussi de nuit, assassinée dans sa maison, au Village ou quartier de Guarrigues, Paroisse de Mérignac, à-peu-près de la même maniere que l'avoit été ladite Dame veuve Labatut, par des Quidams armés d'un poignard & de pistolets, qui s'étant introduits dans sa maison & dans sa chambre, & l'ayant forcée, en la menaçant de l'égorger, de leur livrer ses clefs, lui volerent pareillement une grande quantité de linge, de nippes & de hardes, & de meubles & effets.

Que la nuit du 17 au 18 du mois de Décembre de la même année 1778, la maison de la Dame Blanc-Nogués, au lieu du Haillan, Paroisse d'Eysines, & celle de M. Pellet, Conseiller au Parlement, située dans la Paroisse de Begle, furent également pillées & volées par des Quidams, qui s'y introduisirent aussi par des effractions qu'ils y firent, & qui en enleverent des draps de lit, du linge de table, des lits, des nippes & hardes, & autres effets & meubles.

Qu'au commencement du mois de Mai de la même année, il en fut de même de la maison du sieur Castera, Receveur des consignations, située dans la Paroisse de Gradignan, dans laquelle il fut fait aussi un pillage ou vol très-considérable, & à-peu-près semblable aux autres.

Que dans le mois d'Avril de la même année, il fut aussi fait de semblables vols & dévastations dans la maison du sieur Montaigne, ancien Lieutenant Particulier au Sénéchal de Guienne, située dans la Paroisse de Saint-Loubés & dans la Paroisse de Floirac.

Qu'il fut encore volé de nuit au sieur Sandilhans, dans l'écurie de sa maison, dans la Paroisse de Talence, deux chevaux de prix, l'un de carrosse, & l'autre de selle, au mois de Juillet 1778.

Que pareillement, dans le mois de Juillet 1778, il fut volé dans l'écurie de la maison de Carbonieux, appartenante aux Bénédictins, située dans la Paroisse de Villenave, trois chevaux avec leurs brides & bridons, ou filets, des courroies de cuir, & une redingote grise, doublée de noir, par trois Quidams, qui ensuite traverserent la riviere avec lesdits trois chevaux au passage de Cerons.

Qu'enfin le premier du mois d'Avril de la même année, il fut volé, dans la rue du Pas-Saint-George à Bordeaux, sur une bête de somme appartenante à une Blanchisseuse, un sac de linge que ladite blanchisseuse venoit remettre au sieur Clauzure, Huissier à la Bourse, qui lui avoit donné ce linge à blanchir.

Qu'à raison de ces différens vols, il a été fait par les sieurs Maire & Jurats de Bordeaux, & par les Juges des lieux, divers verbaux; qu'il a été instruit, à la requête du Procureur-Syndic de la Ville, par lesdits sieurs Maire & Jurats, diverses procédures; qu'il a été rendu par eux des Sentences, & par la Cour des Arrês, à l'égard de quelques-uns des accusés & prévenus desdits crimes; mais que tous les coupables d'iceux n'étant pas connus, & lesdites procédures n'ayant pas paru suffisantes pour les faire découvrir, ni suffisamment concluantes à l'égard de certains accusés détenus, la Cour, par Arrêt du 22 Juin dernier, a ordonné, avant faire procéder au Jugement du procès, qu'à la diligence de l'Impétrant, il sera plus amplement enquis dans le delai de trois mois, & qu'il sera publié des Monitoires par-tout où besoin sera.

Qu'en conséquence, & en exécution dudit Arrêt, l'Impétrant a recours à l'autorité de l'Eglise, afin que ceux ou celles qui ont quelque connoissance des vols, ou de quelques-uns des crimes ci-dessus énoncés, soit pour les avoir vu commettre, projetter, comploter, ouï dire, donné conseil ou aide, soit pour sçavoir quelqu'un des susdits faits, ou quelque circonstance qui y ait trait ou rapport, en quelque sorte & maniere, soit pour avoir connoissance de l'auteur ou des auteurs, fauteurs ou complices desdits crimes, ou receleurs desdits effets volés, aient à le dire, révéler & déclarer, sous les peines & censures ordinaires, dans trois jours après la publication des Présentes. DUDON.

HIERONIMUS-MARIA CHAMPION DE CICÉ, Providentiâ divinâ, & sanctæ Sedis Apostolicæ auctoritate, Burdigalensis Archiepiscopus, Aquitaniæ Primas, &c. Dilectis nobis in Christo Rectoribus Parochiarum Sancti Michaëlis, Sanctæ Eulaliæ, Sancti Severini hujus civitatis, nec-non Rectoribus Parochiarum de Mérignac, d'Eysines, de Begle, de Villenave, de Cerons, de Talence & de Gradignan, in nostrâ Diœcesi, salutem in Domino. Mandamus vobis ut articulos quærimoniæ suprà scriptos, in vestris Ecclesiis, per tres dies Dominicos aut Festos, inter Missarum solemnia, populoque, ut moris est, ritè congregato, distinctè, & de verbo ad verbum, claráque & intelligibili voce, legatis, pronuntietis & declaretis, omnibusque rei in dictis articulis expressæ veram notitiam habentibus, in virtute sanctæ obedientiæ injungatis, ut quàmprimùm poterunt, saltem infrà sex dies post tertiam dictorum articulorum publicationem, quidquid de præmissis viderint aut sciverint, expressè & sufficienter ad effectum probationis vobis revelent, aut Parte conquerenti satisfaciant, prout unumquemque tanget; aliàs nisi paruerint monitionibus hujusmodi, sciant se excommunicationi fore subjiciendos. Datum Burdigalæ, in Palatio nostro Archiepiscopali, sub signo Vicariorum nostrorum generalium, ac Secretarii Archiepiscopatûs nostri subscriptione, anno Domini millesimo septingentesimo octogesimo primo, die verò mensis Augusti octavâ.

BOUDIN, LEBERTHON,
Vic. Gen. Vic. Gen.

De Mandato Illustrissimi ac Reverendissimi D. D. Burdigalensis Archiepiscopi.

CORNEILLE, *Secretarius.*

Nous soussignés, curé de Begle, certifions avoir publié au prone de la meme paroisse pendant trois dimanches consecutifs les articles de monitoire mentionnés ci-dessus, sans qu'il soit survenu de Revelation. En foi de quoi. à Begle le 6 7bre 1781. Daguzan curé de Begle

A BORDEAUX, de l'Imprimerie de PIERRE PHILLIPPOT, Imprimeur-Libraire, rue St. Jâmes. 1781.

La jurade de Bordeaux dut constamment combattre les empiétements du roi ou des particuliers sur la banlieue ou le comté d'Ornon dont faisait partie la paroisse de Gradignan. Pour cela, elle fit appel aux publications (document précédent) ou aux placards (photo ci-dessus), supports des images juridiques du passé, les bornes armoriées ou le gibet ayant disparu depuis. Ce monitoire de l'archevêque de Bordeaux, de septembre 1781, révèle que, confrontés à la violence dans la banlieue, les officiers du roi ou de la jurade étaient alors impuissants.

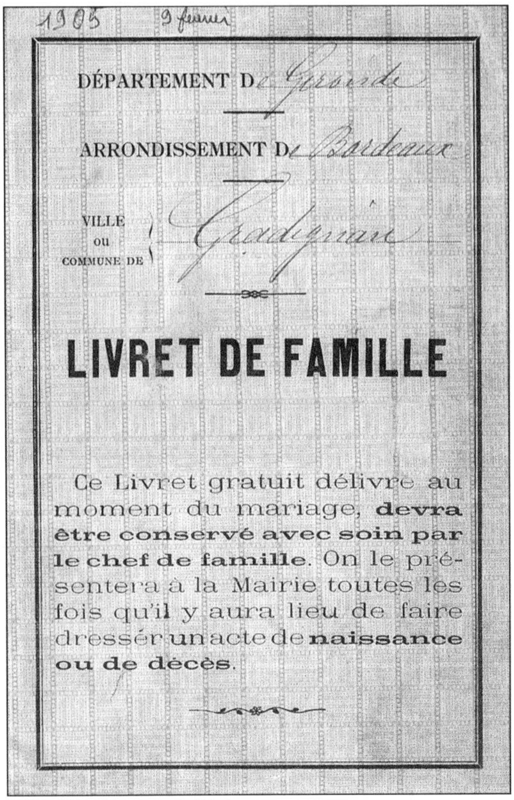

1905 9 février

DÉPARTEMENT De Gironde

ARRONDISSEMENT De Bordeaux

VILLE ou COMMUNE DE Gradignan

LIVRET DE FAMILLE

Ce Livret gratuit délivré au moment du mariage, **devra être conservé avec soin par le chef de famille**. On le présentera à la Mairie toutes les fois qu'il y aura lieu de faire dresser un acte de **naissance ou de décès**.

L'abolition du régime féodal, donc du comté d'Ornon, fief redevable de l'hommage de la jurade de Bordeaux au roi de France, fut proclamée dans la nuit du 4 août 1789. Les banlieues disparurent à leur tour en tant que juridictions avec la réforme administrative en 1790. Les paroisses rurales suburbaines, comme Gradignan, furent promues au rang de commune autonome vis-à-vis de la ville. Ci-dessus, l'ancienne mairie et la place de l'Eglise au lendemain de la Première Guerre mondiale.

La mémoire des familles se résume pour beaucoup d'entre elles à l'image de leur livret. La pratique de sa remise gratuite aux époux lors de la célébration du mariage a commencé à Paris dès 1875, et la loi du 5 avril 1884 l'a consacrée. Comme le signale la publicité au verso de la couverture d'un livret gradignanais (1905), la mairie a fait appel aux services d'une imprimerie spécialisée de Bordeaux et à meilleur prix en raison de la faiblesse du budget communal.

Gradignan n'a pas été seulement le siège d'un chef-lieu d'une circonscription féodale du duché d'Aquitaine, mais aussi d'une circonscription religieuse du diocèse de Bordeaux, l'archidiaconé et l'archiprêtré de Cernès, attesté dès le XIIIe siècle et qui comptait cinquante paroisses, au sud du diocèse jusqu'à Beliet et le long de la Garonne jusqu'à Langon non compris. L'archiprêtré de Cernès est sans doute l'héritier d'un pays antique, *pagus Sarnensis*.

Le toponyme de Gradignan provient sans doute du nom du propriétaire d'une villa à l'époque gallo-romaine dont les vestiges restent à découvrir (*Gratinius*). Les paroisses à toponyme de type gallo-romain dédiées comme Gradignan à saint Pierre peuvent remonter aux Ve-VIIe siècles. Le cimetière autour de l'église a été supprimé en 1836 et remplacé par celui du bourg sur un terrain acheté au propriétaire du domaine de Laurenzane. La ville possède depuis 1990 un cimetière paysager situé dans le sud de la commune.

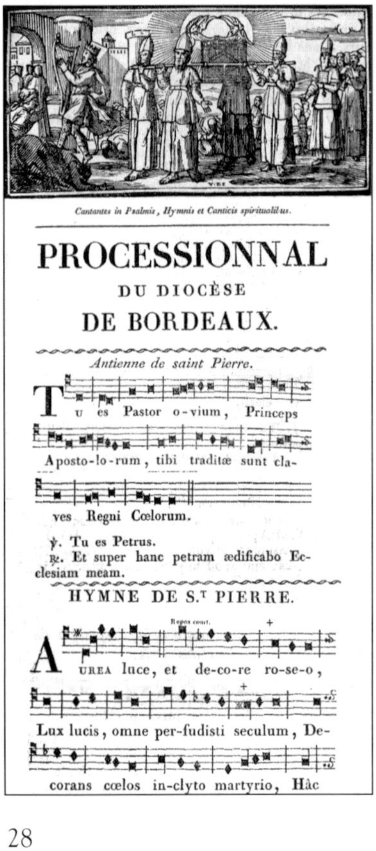

Cantantes in Psalmis, Hymnis et Canticis spiritualibus.

PROCESSIONNAL

DU DIOCÈSE

DE BORDEAUX.

Antienne de saint Pierre.

Tu es Pastor o-vium, Princeps Aposto-lo-rum, tibi traditæ sunt cla-ves Regni Cœlorum.

℣. Tu es Petrus.
℟. Et super hanc petram ædificabo Ecclesiam meam.

HYMNE DE S.T PIERRE.

Repos court.

Aurea luce, et de-co-re ro-se-o, Lux lucis, omne per-fudisti seculum, De-corans cœlos in-clyto martyrio, Hâc

Jusqu'au XVIIIe siècle, l'église Saint-Pierre reste le lieu privilégié des manifestations de la communauté de Gradignan. Les décisions royales ou bordelaises sont proclamées aux portes de l'église ou placardées. Les jurats de Bordeaux doivent y disposer d'un banc. Le 6 juin 1761, monsieur Renard, jurat et avocat, y a été député pour assister à la messe de Pentecôte et y recevoir les honneurs dus aux jurats comme seigneurs du comté d'Ornon.

A la fin du XIXe et au début du XXe siècle, les relations entre Eglise et pouvoirs publics restent relativement sereines. Certes, en 1883, il y a un petit incident avec un vicaire en hostilité avec l'administration communale, faisant une propagande ouverte contre l'école laïque de filles en faveur de l'école congréganiste libre.

En 1826 et en 1835, des travaux sont entrepris. De 1842 à 1843 l'église est entièrement restaurée. Le 19 décembre 1852, les bâtiments du presbytère ont subi des dégradations par suite du tremblement de terre de l'hiver précédent. Entre 1862 et 1866, l'église est reconstruite sur un terrain plus proche du bourg et son orientation est modifiée. Cette carte postale des années 1930 montre que l'intérieur n'a subi que peu de modifications.

En contrepartie, un petit bâtiment a été construit sur le côté droit de l'église. En 1911 et en 1927, le clocher a nécessité des réparations. L'horloge publique de l'église a été aussi l'objet de toute l'attention du conseil municipal. En 1889, c'est l'achat d'une nouvelle horloge à un horloger de Bordeaux (1 105 francs). En 1924, le cadran est éclairé et en 1927, une sonnerie électrique des cloches est installée.

Cette carte postale du début du siècle montre, à l'arrière-plan, entre la place et la mairie, l'arbre de Liberté, protégé par une barrière, avant l'érection du monument aux Morts. En 1861, le puits communal sur la place publique est converti en borne-fontaine. En 1882, la pompe est changée (400 francs). En 1954, la pompe, cassée, est définitivement enlevée.

Entre 1954 et 1970 (date de la photo), après agrandissement et modifications, la place de l'Eglise est désormais bordée par le nouveau bâtiment des postes, l'église refaite, flanquée à droite du bâtiment de l'ancienne mairie, à gauche des édifices du groupe scolaire et limitée à l'est par la RN 10. Sur le côté opposé et dans un angle se dresse le monument aux Morts. Remarquons l'importance des parkings et le traitement de la voirie.

La commune de Gradignan, héritière de la paroisse Saint-Pierre, couvre 1 577 ha. C'est le plan, par exemple celui contenu dans l'Agenda-Annuaire Delmas, à grande diffusion et renouvelé chaque année, qui donne une image cartographique du bourg-rue de Gradignan jusqu'au milieu du XXe siècle. Le bourg qui s'aligne sur plusieurs centaines de mètres le long de la RN 10 et de part et d'autre de l'église Saint-Pierre se situe à environ sept kilomètres au sud-ouest de Bordeaux. Il occupe à peu près le centre du finage paroissial de six kilomètres de long sur un peu plus de deux kilomètres et demi de large. Un des jalons de la formation du bourg-rue est le transfert du presbytère primitif de l'angle de la place Roumégoux (maire de 1952 à 1977) au 115, cours du Général de Gaulle vers Bordeaux, dans un local acheté en 1819.

Les plus anciennes images diffusées du terroir de Gradignan que sont les cartes géographiques de Belleyme (1785-1789) et de Cassini (1783-1815) montrent que la vigne régnait en maîtresse absolue. Les vignes du château de Laurenzane, qui sont au premier plan de cette vue générale du bourg, furent arrachées en 1948. Elles ont été remplacées par un centre commercial. Mais comme l'écrit Florence Mothe en 1965 : « *Disons-le tout net, le lotissement est un nouveau phylloxera qui guette la région des Graves.* »

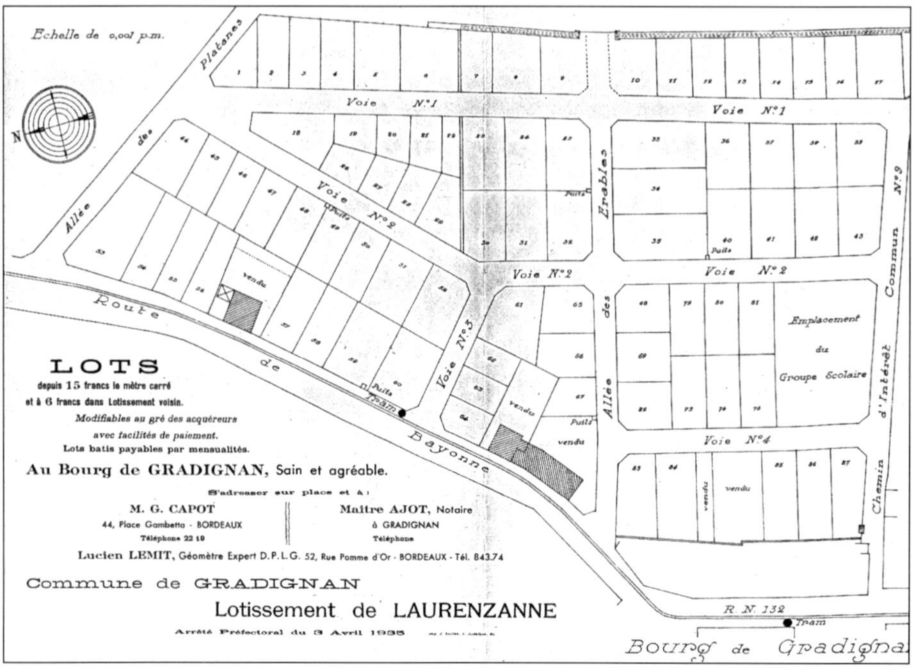

Le lotissement de Laurenzane a été créé en 1934. En 1935, un puits est foré à 27 mètres de profondeur par l'entreprise J. Lucantis Fils de Caudéran-Bordeaux. Les lots sont vendus 15 francs le m^2. L'adduction d'eau potable est réalisée en 1959 et les routes sont goudronnées en 1966.

Au début du XXe siècle, plusieurs pétitions ont pour objet l'établissement d'un éclairage municipal. Un éclairage « *très séduisant mais bien transitoire* » a été celui au gaz acétylène (projets de messieurs Lacoste et Fils à Pessac et Doidy à Canéjan pour l'appareil Le Simplet). Puis c'est l'éclairage électrique qui est choisi. Parmi sept projets, c'est celui de la Société électrique du Sud-Ouest, qui fournit déjà l'énergie aux tramways de Bordeaux, qui est retenu en 1909. C'est le début de l'électrification de la commune.

La portion de RN 10 ou cours du Général de Gaulle comprise entre la place de l'Eglise et l'avenue de la Libération constitue le vieux noyau commerçant de Gradignan. C'est le bourg qui garde en 1968 ses alignements d'échoppes et de magasins jointifs le long de la route de Bayonne. On y rencontre la majorité des magasins de la commune. On constate l'existence de vieilles vitrines et la non-spécialisation de quelques commerces (une parfumerie-papeterie, etc.).

Depuis le Moyen Age, le bourg est entouré de quartiers ou villages qui ont conservé les mêmes noms d'Ornon, Monjous, Le Cournau, Branlac, etc. Ils disposaient jusqu'à une époque récente de cafés qui se doublaient d'une épicerie-mercerie-bazar. Les quartiers à proximité de la RN 10 ont été les premiers transformés. Ainsi en 1928, est autorisé le lotissement Beausoleil. En 1961, est baptisée la place Beausoleil, à l'extrême Sud de la commune, elle sert de terminus et de garage aux bus (1970).

En 1940, on dénombrait 3 418 habitants répartis dans une vingtaine de hameaux. Certains vieux quartiers ont encore conservé, en raison de leur relatif éloignement de la RN 10, leur cachet d'antan, ainsi le village de Canteloup, attesté dès le XIIIe siècle. Denis Dupuch anime toujours le commerce familial. Sur la photo des années 1930-1940, en face de l'épicerie, de gauche à droite, se tiennent Denis Dupuch devant sa mère, madame Tailleur, l'employée, madame Le Lann, monsieur Dubes et madame Hosteins et ses deux filles, Roger Tailleur, tous appartenant à des vieilles familles de Canteloup.

En 1861, il y avait à Gradignan une salle pour l'éducation des filles, confiée aux sœurs de la Présentation et une école laïque pour les jeunes garçons, subventionnée par la commune. En 1852, l'école des garçons était sur la place de l'Eglise, derrière la première mairie. L'école des filles a été construite sur le cours actuel du Général de Gaulle en 1887.

En 1905, l'école des filles est agrandie par exhaussement du bâtiment. Sur le mur de soubassement de la grille (1890), on distingue sur des affiches lacérées le nom de H. Cazalet (1886-1944), sans doute lors des élections législatives de l'entre-deux-guerres. Désormais, le bâtiment abrite le commissariat de police.

Une classe des filles en 1932-1933.

Voici la classe de 1re et fin d'études de l'école des filles en 1950.

En 1873, le nombre des élèves de l'école des garçons dépasse 80 élèves pour un seul maître. En 1885, l'école des filles compte 130 enfants dans deux classes et l'école des garçons 129 élèves aussi dans deux classes. Chaque classe dispose de 50 m^2. En 1897, les 160 garçons sont répartis en trois classes. Cette année-là, l'école maternelle publique créée en 1882 est transformée en classe enfantine. La photo date de 1919.

Une des classes de 1939. Au deuxième rang : J. Rouméguoux (7e) et D. Dupuch (8e).

En 1952, l'école des garçons compte 6 classes avec 213 élèves ; l'école des filles, 5 classes avec 201 élèves et l'école maternelle 15 élèves. En tout, 429 élèves. Dès 1955, le groupe scolaire des garçons est reconstruit à proximité de l'ancien emplacement. Il devient le groupe scolaire Mairie qui comprend 24 classes primaires recevant filles et garçons. La photo représente la classe de madame Domengine en 1963-64.

Les groupes scolaires se multiplient sur la commune : les ensembles Lange-Prairie-Baticoop, avec 17 classes (dont 3 maternelles), construites en 1962 et 1967 avec deux classes maternelles supplémentaires, l'école primaire de Saint-Géry de 30 classes en 1969, etc. La photo date de novembre 1964.

Le monument aux Morts a été érigé en 1923 à la mémoire des 75 victimes de la Grande Guerre. Il est dû au sculpteur Carlo Sarrabezolles (1888-1971). Il aurait choisi pour modèle une femme du pays avec son habit typiquement local. Le monument a été plusieurs fois déplacé lors des aménagements successifs de la place de l'Eglise.

C'est au pied du monument, que s'est déroulée, en 1932, la remise de la croix de la Légion d'honneur au docteur Emile Lestage (1873-1942), troisième à partir de la gauche. Comme le rappelle Denis Dupuch, le docteur Lestage « *était un homme extraordinaire. La moitié de Gradignan a été soignée « à l'œil » grâce à son grand dévouement.* »

Cette photo qui porte au verso l'indication suivante : « *Gradignan, août 1944, sous-lieutenant Escarpit, Duchez, Mage, Durand, Bonnet, Johan* », a été prise sur la RN 10, à hauteur de la Cité Jardin. Il s'agit d'un groupe de résistants d'Arcachon. Parmi les premiers actes de résistance, on cite un appel rédigé à Gradignan le 17 juin 1940, par Charles Tillon (1897-1993), membre du parti communiste.

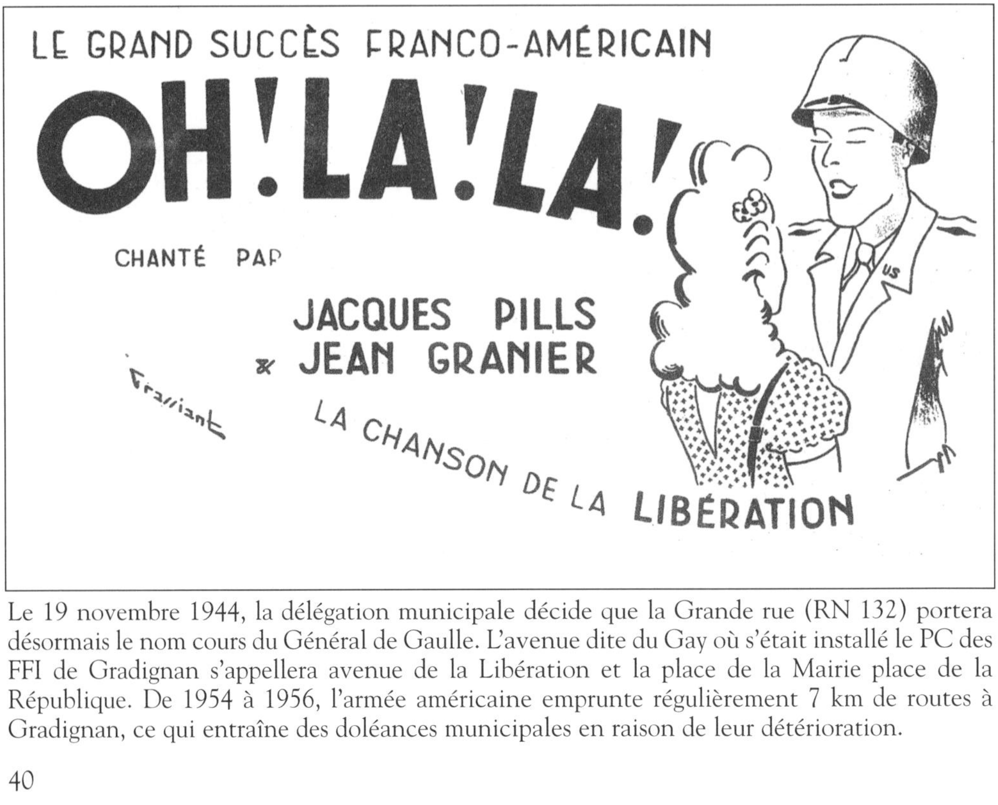

Le 19 novembre 1944, la délégation municipale décide que la Grande rue (RN 132) portera désormais le nom cours du Général de Gaulle. L'avenue dite du Gay où s'était installé le PC des FFI de Gradignan s'appellera avenue de la Libération et la place de la Mairie place de la République. De 1954 à 1956, l'armée américaine emprunte régulièrement 7 km de routes à Gradignan, ce qui entraîne des doléances municipales en raison de leur détérioration.

III

Au croisement du chemin de Saint-Jacques et de l'Eau-Bourde

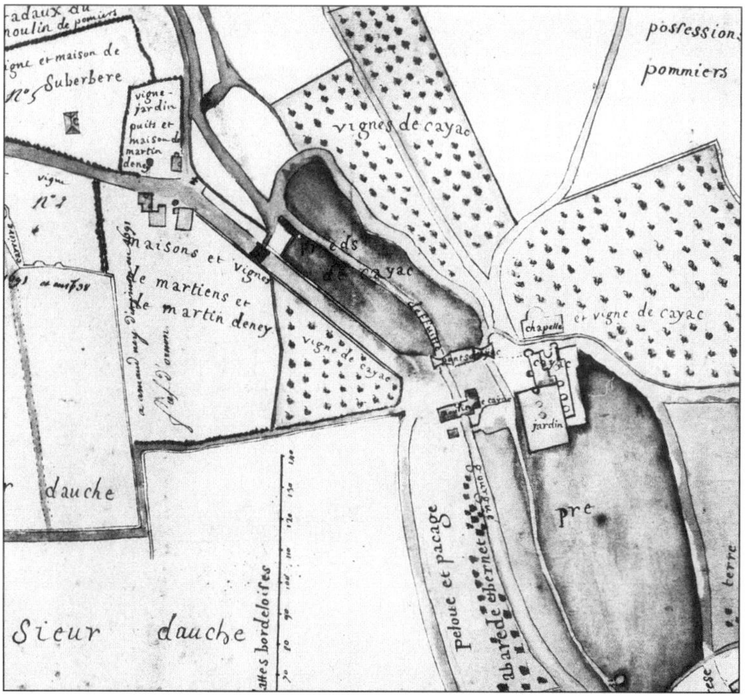

Les immeubles protégés au titre des législations sur les monuments historiques et sur les sites le sont pour la plupart depuis peu. Le château de Tauzia a été classé Monument historique le 27 juillet 1965. Parmi les sites inscrits, les quatre ensembles formés par la vallée de l'Eau-Bourde depuis le 26 février 1982. Les restes du prieuré de Cayac ont été inscrits sur l'Inventaire supplémentaire dès le 17 septembre 1937 et l'ensemble formé par l'église prieurale et le bâtiment accolé au bas-côté sud, le 22 décembre 1987. Comme le montrent le plan du XVIIIe siècle (ci-dessus), et le plan cadastral de la commune de 1844, les vicissitudes du prieuré de Cayac sont les parfaites illustrations des transformations du territoire gradignanais depuis le Moyen Age.

GRADIGNAN

Le logo de la commune créé récemment rappelle que le destin de Gradignan a été étroitement associé au chemin de Saint-Jacques qui a été déclaré par le Conseil de l'Europe, « *premier itinéraire de la culture européenne* ».

C'est une des plus anciennes reproductions d'un monument de Gradignan, publiée dans la « *Notice historique et archéologique sur l'ancien prieuré de Cayac, près de Gradignan* » de Ferdinand Leroy, secrétaire général de la préfecture à Bordeaux en 1840. Elle était suivie de l'examen de cette question : « *La loi de 1833 sur l'expropriation forcée pour cause d'utilité publique est-elle applicable à la conservation des monuments ?* » Selon le Comité historique des arts et monuments, la Gironde ainsi que le diocèse de Beauvais étaient des modèles à suivre dans la sauvegarde des monuments en 1840-41.

L'hôpital-prieuré Notre-Dame-de-Cayac se dresse à la sortie sud de Gradignan. La RN 10 reliant donc Bordeaux à Bayonne passe désormais à l'est de l'ensemble depuis sa déviation partielle en 1981. Cette route était royale dès le XVIIIe siècle et Gradignan possédait un relais de poste. Cette voie appartient à l'un des plus grands axes de pèlerinage vers Saint-Jacques-de-Compostelle.

Vendu comme Bien national en 1793, le prieuré de Cayac perd sa vocation religieuse et hospitalière. En 1837, la permission d'y construire un four de verrier est accordée. L'église seule est achetée par monsieur Calvet, également propriétaire du château Tauzia, vers 1880. Elle est réquisitionnée par les Italiens en 1940-41 pour servir d'atelier de mécanique. Dans le dessin, ci-dessus, de Gustave Labat (1861), la fumée qui s'élève au-dessus du prieuré est celle de la verrerie.

36 - GRADIGNAN - L'abreuvoir et les ruines de Cayac

Entre 1218 et 1262 se créa une chaîne de relais entre Bordeaux et Dax. Leur échelonnement était serré au nord de Bordeaux à Belin : Saint-Jean à Bordeaux près du port de Peugue après 1182, Saint-Jean-de-Camparrian à Canéjan en 1218, le Barp en 1220 et Cayac en 1229. En 1229, il est en effet mentionné *l'hospitau de Nostra-Dona* du cap de pont de Cayac, sur l'Eau-Bourde.

GRADIGNAN. — Ancien Prieuré de Cayac.
Existait en 1200. Ancienne propriété des Frères Hospitaliers, puis du Cardinal François de Sourdis qui s'en démit en faveur des Chartreux. Devint propriété nationale en 1793. (Restauré en 1649).

Dès 1618, le prieuré releva des Chartreux. En 1673, « *l'église du prieuré est séparée de la maison et autres bâtiments par le grand chemin de Bordeaux à Bayonne et en Espagne.* » Il y avait peut-être une voûte au-dessus du chemin, entre les deux corps de bâtiment, comme à l'hospice du Pons (en Charente), en bois. Gradignan a conservé les vestiges d'un des plus importants hôpitaux de la route de Saint-Jacques-de-Compostelle dans le Sud-Ouest pour les pèlerins qui empruntaient la voie de Tours.

Lors de la Fronde, une révolte contre le pouvoir monarchique, Cayac, sans doute le dernier refuge de la paroisse, a été le théâtre d'un siège par le duc d'Epernon et sa cavalerie en 1649. Le siège a duré trois jours à partir du 26 avril. L'assaut a été donné à l'église où s'étaient retranchés quelques paysans. Leur chef, frère du vicaire de la paroisse, fut pendu.

Une première église a été édifiée entre 1220 et 1245. Au XIVe siècle la construction est embellie. L'église Notre-Dame de Cayac juxtapose deux styles architecturaux : le tout début du gothique régional et le gothique rayonnant. Au milieu du XIXe siècle, il est constaté que la forme primitive de l'église a été dénaturée. L'ancien prieuré du XVIIe siècle complété par une tour et des créneaux lors de la seconde moitié du XIXe siècle était devenu une maison d'habitation.

Dès 1823, l'ingénieur des Ponts et Chaussées chargé de la route royale n° 132 s'était préoccupé de concilier l'intérêt qui s'attache aux vestiges de Cayac avec les urgences de la circulation. La largeur de la route avait été maintenue à 10,5 mètres pour éviter de raser le monument. Or, l'implantation des bâtiments respectait une orientation. Si la route était dirigée du nord au sud, la chapelle se plaçait à l'est et la salle des pèlerins à l'ouest. Sur une route relativement étroite, il y avait donc un double virage, ce qui entraîna de nombreux accidents de circulation.
L'hospitalité envers d'autres grands voyageurs, en particulier les Tsiganes, qui sillonnent la France depuis la fin du Moyen Age, a posé aussi des problèmes quant au lieu de stationnement (près du cimetière) et quant à sa durée (24 h), ce qui s'est traduit par de multiples arrêtés municipaux (15 septembre 1936, 14 février et 5 mars 1939, 6 septembre 1947 et 22 mai 1949).

Ci-contre, en 1990, la commune a acheté l'ensemble et a entrepris la restauration du parc, de la rivière, du moulin et de la pièce d'eau. Le vœu de l'abbé Beaurein en 1782 a été en partie exaucé, puisque à propos de l'hôpital de Cayac, métamorphosé en prieuré, il écrivait : « *il serait à propos de lui* (le prieuré) *substituer quelque objet public, plutôt que de consentir que cette fondation tournât à un avantage particulier. L'hôpital de Cayac servait de retraite aux pauvres, le prieuré n'est devenu avantageux qu'au titulaire.* »

Les travaux de la déviation de la RN 10, le virage en S entre l'église et le prieuré provoquant de terribles accidents, furent entrepris de 1978 à 1981. Un nouveau pont a été alors construit sur l'Eau-Bourde. Lors des fouilles archéologiques en 1982-83 furent découverts six sarcophages et des squelettes en pleine terre sous l'empierrement de la route royale. Il s'agit sans doute des vestiges de l'ancien cimetière médiéval.

Jusqu'à l'ouverture de l'autoroute A 63 en 1980, la RN 10 était la seule voie existante entre Bordeaux, Bayonne et l'Espagne. Selon François Mauriac, allant chez sa grand-mère maternelle, « *la grand-route qui va vers l'Espagne… Je me rappelle, à la fin de juillet, par les soirs de poussière et d'horrible chaleur, du trajet en landau jusqu'à Château Lange…* » (1934). En 1935, le restaurant La Lune, à Cayac, était tenu par monsieur Lasserre.

Les chevaux étaient utilisés pour des relations fréquentes avec Bordeaux. En 1951, le travail pour ferrer les bœufs qui se trouvait sur la place doit être réparé. A cette occasion, il est jugé comme « *inesthétique, puisqu'il faut le réparer autant le déplacer et l'installer dans le parc de la mairie.* » L'atelier de maréchalerie de monsieur Fabères se trouvait dans le bourg.

BOURRELLERIE -- SELLERIE -- CARROSSERIE

SELLES ANGLAISES
et de tous Systèmes

HARNACHEMENTS EN TOUS GENRES

ARTICLES D'ÉCURIE

Huile de Pied de Bœuf

CIRAGE A HARNAIS

GARNITURE DE VOITURES

FONTANIEU

GRADIGNAN (Gironde)

COLLIERS ANGLAIS
et de tous Modèles

SOMMIERS ÉLASTIQUES & MATELAS

PEAUX DE CHAMOIS

Limousines — Surfaix

COUVERTURES

Madame Vve Cazel Doit

Pour les travaux Fournitures ci-après payables à Gradignan :

Gradignan, le 31 9bre 1914

En 1866, Gradignan comptait dix entreprises de charretage, qui formaient une activité essentielle à côté de la fabrique de faïences, aux côtés de 31 ouvriers maçons et des 218 ouvriers agricoles qui faisaient vivre 505 personnes. En 1896, à côté des dix entreprises de charretage, on dénombre 12 cabarets-hôtels. A. Fontanieu assumait aussi dans le bourg une entreprise générale des pompes funèbres et de fournitures funéraires.

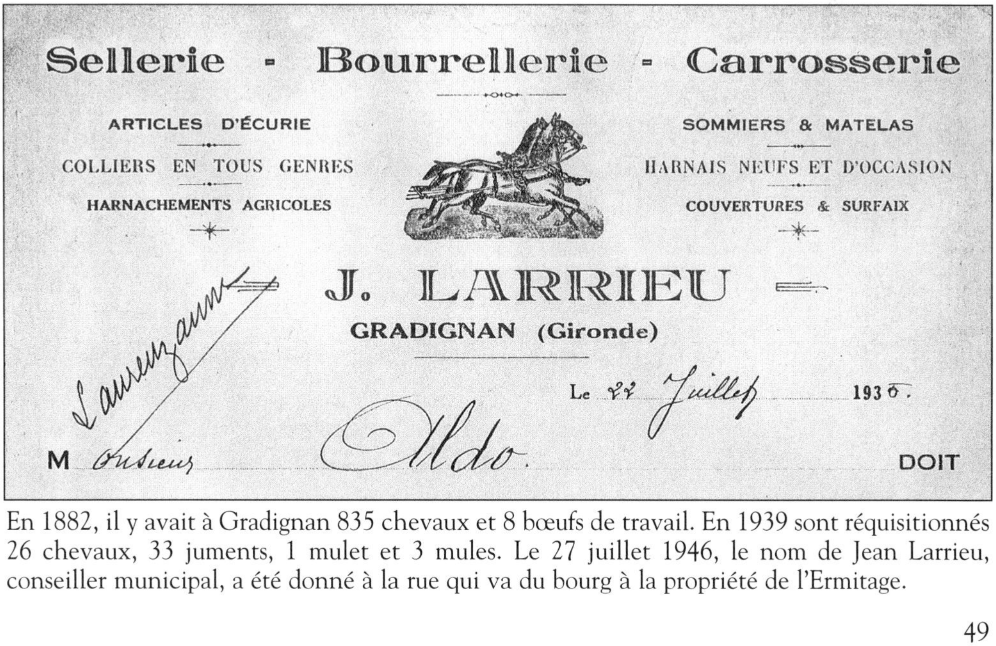
Sellerie - Bourrellerie - Carrosserie

ARTICLES D'ÉCURIE

COLLIERS EN TOUS GENRES

HARNACHEMENTS AGRICOLES

SOMMIERS & MATELAS

HARNAIS NEUFS ET D'OCCASION

COUVERTURES & SURFAIX

J. LARRIEU

GRADIGNAN (Gironde)

Le 22 Juillet 1930.

M onsieur Aldo DOIT

En 1882, il y avait à Gradignan 835 chevaux et 8 bœufs de travail. En 1939 sont réquisitionnés 26 chevaux, 33 juments, 1 mulet et 3 mules. Le 27 juillet 1946, le nom de Jean Larrieu, conseiller municipal, a été donné à la rue qui va du bourg à la propriété de l'Ermitage.

COLLIERS DE TOUS SYSTÈMES
SELLES, BRIDES
Harnais en tous genres
Articles d'Écurie
FOUETS, CRAVACHES
Couvertures, Surfaix
Peaux de Chamois
BROSSES, ÉTRILLES
Eau de Cuivre
HUILE DE PIED DE BŒUF
Éponges, Genouillères
Cirage à Harnais

SELLERIE, BOURRELLERIE, CARROSSERIE
GARNITURE DE VOITURES
A. Guirauton
GRADIGNAN (Gironde)

Monsieur le Marquis de Puyferrat Doit
Gradignan, le 31 Xe 1904 Imp. St-Seurin, P. Desgland, 46, rue Kiéser, Bx

Les en-têtes de factures du début du XXe siècle donnent une image certes stéréotypée des activités des artisans du bourg mais leur écrit est aussi une image particulièrement émouvante de leur instruction et de leur amour du beau et du bien fait.

ANCIENNE MARÉCHALERIE MEYNARD
L. Dalet, Suc
GRADIGNAN (Gironde)

Monsieur le marquis de Puyferrat Doit
Gradignan, le 1er avril 1905 Imp. Pap. P. Desgland, 46, rue Kieser, Bx

L'abonnement d'une jument du 1er avril 1904 au 1er avril 1905

Dans les années 1930, le style américain dans l'illustration publicitaire, l'en-tête photographique et les impressions en plusieurs couleurs se diffusent. Mais l'en-tête uniquement typographique sur papier règlé garde aussi de nombreux partisans, ce qui reflétait parfaitement le sens de l'économie, du pratique et de l'authenticité des artisans et des commerçants de Gradignan.

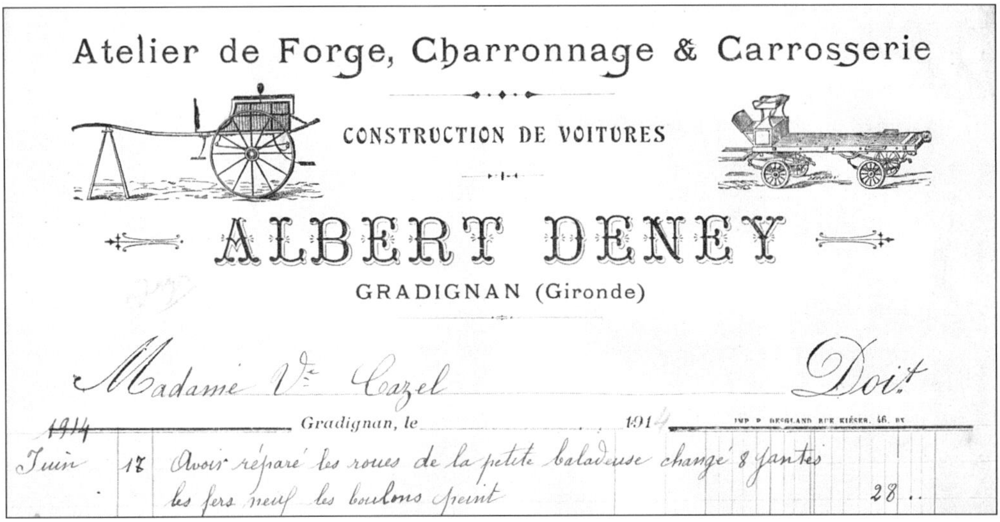
Atelier de Forge, Charronnage & Carrosserie

CONSTRUCTION DE VOITURES

ALBERT DENEY

GRADIGNAN (Gironde)

Madame Vve Cazel Doit

1914 Gradignan, le 1914

Juin 17 Avoir réparé les roues de la petite baladeuse changé 8 jantes les fers neuf les boulons peint 28..

En 1911, sont implantés dans le bourg 6 maréchaux-ferrants, 4 bourreliers-selliers et 12 charrons ainsi que de nombreux commerces et ateliers. Aurélien-Jean Laporte, coiffeur au bourg, est né à Gradignan en 1868. Il est aussi membre actif de la société Saint-Louis depuis 1886 et son président depuis 1908. Il l'est encore en 1931. Les revenus de ces artisans et commerçants sont inégaux et dans l'ensemble fort modestes pour un long et rude travail. Une porteuse de pain du boulanger du bourg gagne, en 1932, 10 francs par jour.

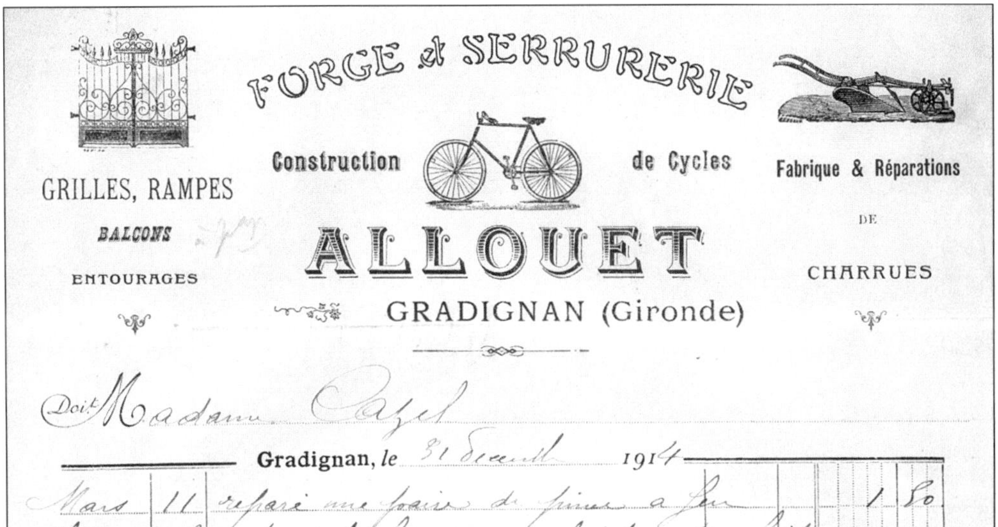
FORGE & SERRURERIE

GRILLES, RAMPES

BALCONS

ENTOURAGES

Construction de Cycles

ALLOUET

GRADIGNAN (Gironde)

Fabrique & Réparations DE CHARRUES

Doit Madame Cazel

Gradignan, le 31 décembre 1914

Mars 11 réparé une faux à 1 80

Juin 12 réparé les ferrures de la pompe fait

Une domestique chez une tenancière du café des Sports au bourg de Gradignan gagne, en 1936, 200 francs par mois. Elle est en plus nourrie, logée et blanchie. Une veuve de 50 ans, femme de service chez le mercier au bourg gagne 10 francs par jour. Elle est, elle aussi, nourrie, logée et blanchie.

La tour du télégraphe qui se dresse sur l'ancien domaine de La Burthe, devenu l'institution nationale des Jeunes Sourds, a été restaurée en 1994. C'est la seule tour construite (1825) spécialement pour le télégraphe aérien inventé par Claude Chappe (1763-1805) qui subsiste. Ce prolongement de celui de Paris à Bordeaux a fonctionné jusqu'en 1853. A partir du 1er mars 1851, il est ouvert à l'usage public, mais remplacé en 1854 par une ligne électrique le long de la voie ferrée de Bordeaux à Bayonne.

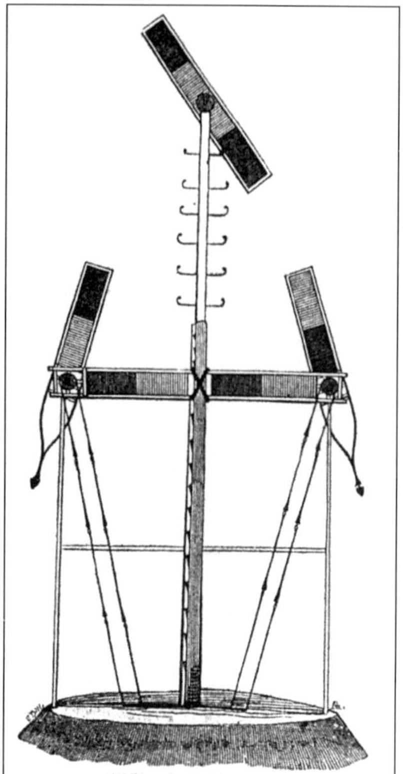

(Télégraphe de Chappe.)

Ce n'est qu'en 1879 que Gradignan disposa du télégraphe électrique avec un porteur de dépêches. En 1897, la commune a participé financièrement à l'installation d'une ligne téléphonique de Gradignan à Bordeaux (3 300 francs). Le 26 avril 1852, eut lieu la mise en route exceptionnelle d'un bureau de distribution des lettres. En juin 1852, un facteur « boîtier » est installé. La distribution commence en mai 1855 et le bureau de Gradignan devient une direction en janvier 1874. En 1903, 1 552 dépêches et 200 messages téléphonés ont été distribués. En 1963, fut construit un nouvel hôtel des postes.

La carte postale montre la sortie du bourg de Gradignan vers Bordeaux. Sur la droite, la rue des Platanes n'a pas encore été percée. Le tramway arrive de Bordeaux pour desservir le bourg. Mais Gradignan était déjà en 1725 un important relais de poste. En 1797, la diligence allant en poste partait chaque dimanche et chaque mercredi de Bordeaux. Elle atteignait Bayonne en 30 heures et le prix de la place était de 70 livres.

En 1827, trois entreprises d'omnibus à cheval faisaient le trajet Bordeaux-Gradignan deux fois par jour aux mêmes heures. Le 19 janvier 1859, c'est la Compagnie générale des omnibus qui assure la desserte de Gradignan. En 1888, il y a chaque jour 14 départs dans chaque sens.

Gradignan n'est rattaché à Bordeaux que par un service d'omnibus d'heure en heure (1876-1890). Malgré les actions du conseil municipal, la ligne d'un tramway électrique de Bordeaux à Gradignan n'est inaugurée qu'en mai 1901. A partir de 1929, on peut se rendre de Cayac à Bordeaux (aux Quinconces) sans changer de voiture à la barrière Saint-Genès, au boulevard. En 1953, le tramway est remplacé par les autobus.

En 1934, la commune est desservie par une ligne de tramways suburbains partant de Bordeaux (allée de Chartres) et allant jusqu'au hameau de Cayac, situé à un kilomètre au-delà du bourg de Gradignan. Les départs de Cayac ont lieu tous les jours de 5 heures à 21 heures. Ils sont espacés en semaine de 20 mn jusqu'à 18 heures, de 10 mn à partir de cette heure ; les dimanches et jours de fêtes légales, de 20 mn jusqu'à 14 heures, de 10 mn à partir de cette heure. Le dernier départ des trams ouvriers a lieu à 7 h 20.

En 1916, deux habitants seulement possédaient une voiture à Gradignan. En 1936, une vache laitière était estimée 1 200 francs et une camionnette neuve 11 000 francs. En 1945, il a été recensé 49 voitures de tourisme, 39 camions ou camionnettes et 21 motos.

Un arrêté municipal du 23 novembre 1924 réglemente la vitesse dans la traversée du bourg : pour les camions automobiles 12 km/h, les autres véhicules, 20 km/h. Les arrêtés du 27 février et 5 mars 1937 permettent aux poids lourds 20 km/h et aux véhicules légers 40 km/h.

Dès 1924, il est constaté que l'installation sur la voie publique de distributeurs automatiques d'essence tend à se généraliser de plus en plus. S'il n'y a pas encore de difficultés de stationnement, les accidents de circulation plus ou moins graves se multiplient, en particulier dans la traversée du bourg.

Dès 1911-1914, les riverains se sont plaints de la poussière soulevée par les nombreux automobilistes, ce qui les oblige à garder leurs fenêtres fermées. Avant 1955, le cours du Général de Gaulle présentait un revêtement pavé jusqu'à Cayac avec des rails du tramway, au-delà, un revêtement en béton mis en place par les Allemands menait à la Grande Lande.

La photo montre l'Eau-Bourde dans sa qualité environnementale récemment restaurée, en particulier ici, à Montgaillard, en amont de Cayac, où elle est franchie par le chemin de Saint-Jacques ou RN 10 devenue cours du Général de Gaulle. Elle prend sa source à Cestas en deux points : au lieu-dit La Birade, un premier bras et un second bras à l'Estey des Sources (Gazinet). Au-delà de Gradignan, l'Eau-Bourde se divise à nouveau en deux bras qui se jettent dans la Garonne. Sur l'origine du nom, une première hypothèse serait que *bourde* viendrait du vieux français *bourdir* (bondir au XVIe siècle). Le nom viendrait de l'observation des remous provoqués par les nombreuses sources qui affleurent dans le lit de la rivière. La seconde interprétation, sans doute plus vraisemblable, en particulier par le rapprochement avec la dénomination d'une rivière voisine, l'Eau-Blanche, elle aussi attestée dès le XIIIe siècle, évoquerait une qualité trouble de l'eau (*bourt* : un endroit marécageux).

L'Eau-Bourde qui traverse Gradignan du sud-ouest au nord-est a été et continue d'être, avec les grands axes routiers, un élément structurant de la commune. Le développement industriel a coexisté avec plus ou moins d'harmonie avec le maintien d'une qualité environnementale et un usage de plaisance jusque dans les années 1950. Elle devenait dans les années 1970 un égout à ciel ouvert. Elle a désormais retrouvé sa beauté et son usage de plaisance pour tous.

La photo a été prise vers 1900, depuis les berges de l'Eau-Bourde. Au premier plan, une blanchisseuse avec sa brouette chargée de linge. En 1876, on comptait 283 femmes ayant une profession, dont 58 domestiques, 33 journalières et 83 blanchisseuses. En 1896, on dénombrait 49 entreprises de blanchissage. Les lavoirs étaient situés sur l'Eau-Bourde et sur des ruisseaux comme Le Pontet ou utilisaient l'eau des fontaines. Les ouvrières blanchisseuses gagnaient, dans les années 1930, 10 à 12 francs par jour. Elles faisaient deux à cinq journées par semaine. Elles allaient chercher ou ramener le linge dès 5 heures du matin à Bordeaux, en charrette tirée par un cheval.

Ainsi l'Eau-Bourde a fourni dès le Moyen Age l'axe principal de la mise en valeur de la paroisse, fixant une ligne de moulins dont l'activité principale est restée jusqu'au XIXe siècle la minoterie : Ornon, Montgaillard, Cayac, Pélissey, Cazaux et Monjous (ci-contre). Remarquons que le pain forain, pétri et cuit dans le comté d'Ornon était vendu sur le marché à Bordeaux près de l'église Sainte-Colombe.

De nombreux abreuvoirs ont été construits le long de l'Eau-Bourde, ainsi au pont du Gay et au moulin d'Ornon (1897). La photo montre un élevage de truites à Ornon après 1914. Ces bassins restaurés ont permis la poursuite de recherches scientifiques sur l'élevage des écrevisses. L'association des pêcheurs de l'Eau-Bourde comptait 240 adhérents en 1984 et 1 000 en 1994. En 1981, une Maison de la Nature est créée dans le parc du Moulineau.

Gradignan, outre la rivière, possédait d'autres richesses naturelles : des sables et des argiles ainsi que du bois, et tout cela à proximité de Bordeaux. Avant la verrerie de Cayac, s'est implantée aux XVIIIe et XIXe siècles, au lieu-dit La Pointe (Bersol), qui appartenait au château de Rouillac (Canéjan), une tuilerie. Du Second Empire au XXe siècle, on y fabriqua aussi des pots de résine. Vers 1930, le vieux four carré fut remis en service. Il ne fut démoli qu'en 1953.

En 1881, Vincent Desbats (1820-1908), faïencier, loue la poterie, tuilerie comprise, et l'achète en 1890. Elle va rester aux mains de sa famille jusqu'à sa fermeture en 1950. La photo montre le personnel vers 1910. Le deuxième en bas à gauche est Jean Laborde, un des arrière-petits-fils de Vincent Desbats. Sont fabriquées des poteries de ménage, brutes ou vernies, des tuiles, des pots de résine et des pots de fleurs. Entre les deux guerres, l'entreprise a compté jusqu'à une cinquantaine d'ouvriers.

La Seconde Guerre mondiale porta un rude coup à l'entreprise et les goûts des consommateurs changèrent. La poterie fut contrainte de fermer en 1950. Rachetée par la ville de Gradignan en 1982, avec tous ses moules, elle est louée à un potier depuis 1987. Les trois fours de la poterie furent construits entre 1841 et 1855. Deux existent encore. Ainsi, au 64, avenue de la Poterie, se dresse toujours un de ces fours.

Entre 1834 et 1859, il y a trois entreprises à Gradignan, la verrerie, la poterie, et une usine de lavage de laine. Les moulins connurent aussi d'autres usages que la minoterie. Ainsi Monjous est utilisé en 1886 pour le lavage des laines et des peaux de moutons, pour le biseautage des glaces à partir de 1894, la construction mécanique en 1911 et enfin le tournage du bois jusque dans les années 1940. Pélissey produisit du chocolat, Montgaillard des pains de glace. Le moulin d'Ornon a pulvérisé du silex vers 1860. A partir de 1878, la vieille Maison Jaquemet-Laroque, pour désengorger son atelier bordelais, y fabrique des tapis et des couvertures.

En 1903, Damien Lacoste et Jean-Baptiste Fleurant louent une partie du domaine de Cazaux sur l'Eau-Bourde, le château et le moulin pour une tannerie qui fait faillite en 1911. En 1920, c'est la constitution d'une société anonyme (Tannerie de la Gironde) et en 1929 la fusion avec les tanneries de Courréjean et de Bègles (Tanneries bordelaises et de la Gironde réunies). L'en-tête de la facture (1913) montre le château de Cazaux encore inséré dans les bâtiments industriels.

Cette photo montre l'opération de tannage des cuirs au chrome. En 1940, la tannerie employait 150 ouvriers. Dans les années 1930, voici quelques exemples de salaires : un garçon de 14 ans, commis à la tannerie gagne 150 francs par an, un manœuvre ou tanneur 22 francs par jour, cela 5 jours par semaine, un chef tanneur 25 francs par jour, un chef d'équipe 650 francs par mois.

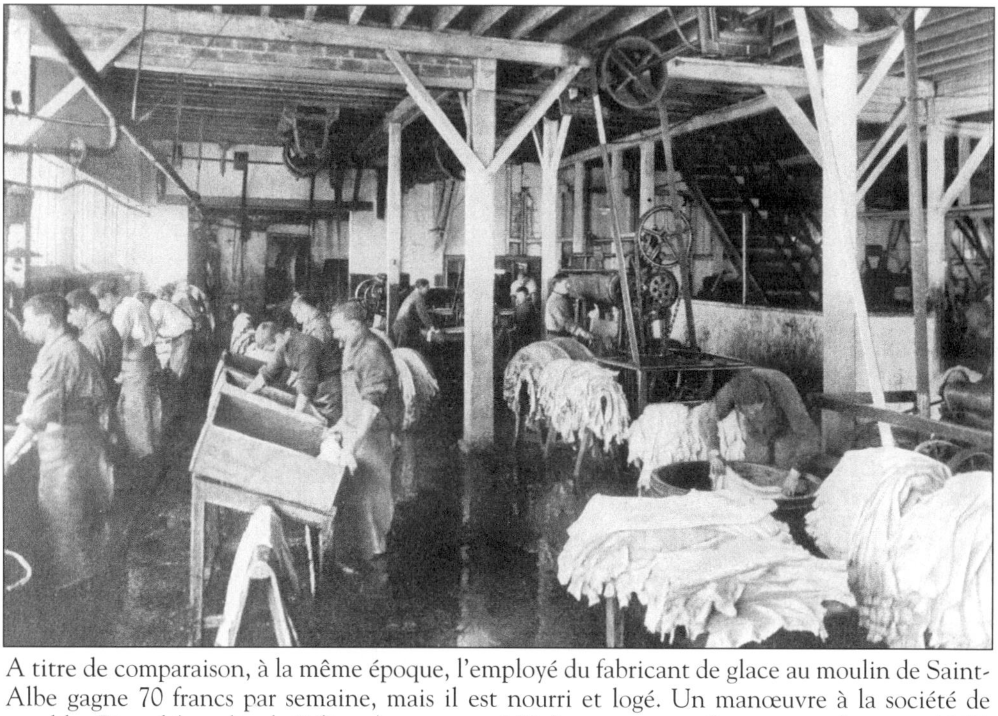

A titre de comparaison, à la même époque, l'employé du fabricant de glace au moulin de Saint-Albe gagne 70 francs par semaine, mais il est nourri et logé. Un manœuvre à la société de meubles Ricard (moulin de Pélissey) gagne aussi 22 francs par jour. La tannerie ferme en 1955. Tous les bâtiments ainsi que le château de Cazaux ont disparu et ont été remplacés par l'entreprise des tricots Saint-Joseph entre 1955 et 1976.

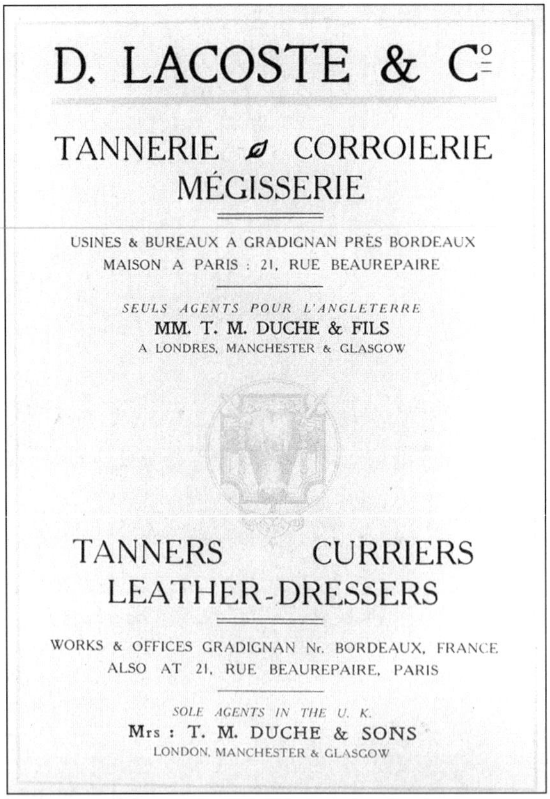

La concurrence industrielle est rude au XXe siècle. Les patrons essaient non seulement de contenir ou de réduire les coûts de production mais aussi de conquérir des marchés extérieurs comme le montre la plaquette réalisée à l'occasion de l'Exposition franco-britannique de 1908 par D. Lacoste. La modernisation de l'entreprise a été aussi une voie constamment explorée avec une recherche de la meilleure adéquation à la demande, c'est l'exemple des établissements textiles de Saint-Joseph qui s'installent à la place de la tannerie.

En 1923, à Bordeaux, Yvonne de Naurois achète une machine à tricoter et décide de vendre des tricots. C'est le début des Tricots Saint-Joseph que dirige son mari Etienne de Naurois. Entre 1950 et 1960, ils deviennent leader mondial du jersey et transfèrent leur siège à Gradignan.

L'entreprise fait appel à un matériel technologiquement avancé : appareil à cartes perforées dès 1954, machines tubulaires réalisant 100 m de tricot en tubes par jour et plus tard matériel à découper les patrons par laser. Les photos montrent les ateliers de confection où le savoir-faire des employées prime.

C'est une entreprise en avance aussi dans les années 1960 par sa stratégie de recrutement des cadres (possibilité à des personnes sorties du rang d'accéder à la direction, responsabilisation des employés, intense politique de formation, salaires de 30 % supérieurs à ceux de la région). L'entreprise compte 50 employés en 1939, 400 en 1956 et 1 100 à majorité de femmes en 1960.

Fin 1972, le vêtement en maille connaît une crise. Le 30 novembre 1976, c'est le dépôt de bilan. Les offres de reprise avec plans de licenciement et baisses de salaires sont refusées par 607 salariés (207 avaient voté pour). C'est aussi l'échec de deux sociétés anonymes à participation ouvrière. Le bilan est déposé en 1985.

Les locaux ont été l'objet de pillage entre la fermeture des établissements Saint-Joseph et la vente au tribunal le 9 juillet 1987. Gradignan devient propriétaire d'une grande partie de l'usine. Sur les 11 bâtiments, deux et une partie d'un troisième seulement ont pu être réhabilités. C'est ainsi que l'ancien restaurant du personnel (comme le montre la photo), à l'arrière-plan du bief du moulin, a été entièrement réhabilité en 1988 et est désormais baptisé Espace Rencontres.

IV
Un terroir des Graves

Les chromos, petites images coloriées, imprimées en chromolithographie, sont apparues en 1880 et ces images sont les plus diffusées dans chaque foyer jusqu'en 1914. Les magasins les offraient aux enfants pour les inciter à y revenir avec leurs parents. Ces images illustrent avec humour les manies ou les comportements, en particulier des citadins. Ainsi, un des chromos d'une série distribuée par les établissements François, une des chaînes de magasins à succursales multiples qui ont leur siège à Bordeaux et qui vont de plus en plus concurrencer les épiceries de quartiers, met en exergue l'attrait de la banlieue rurale, et donc de Gradignan, pour le Bordelais.

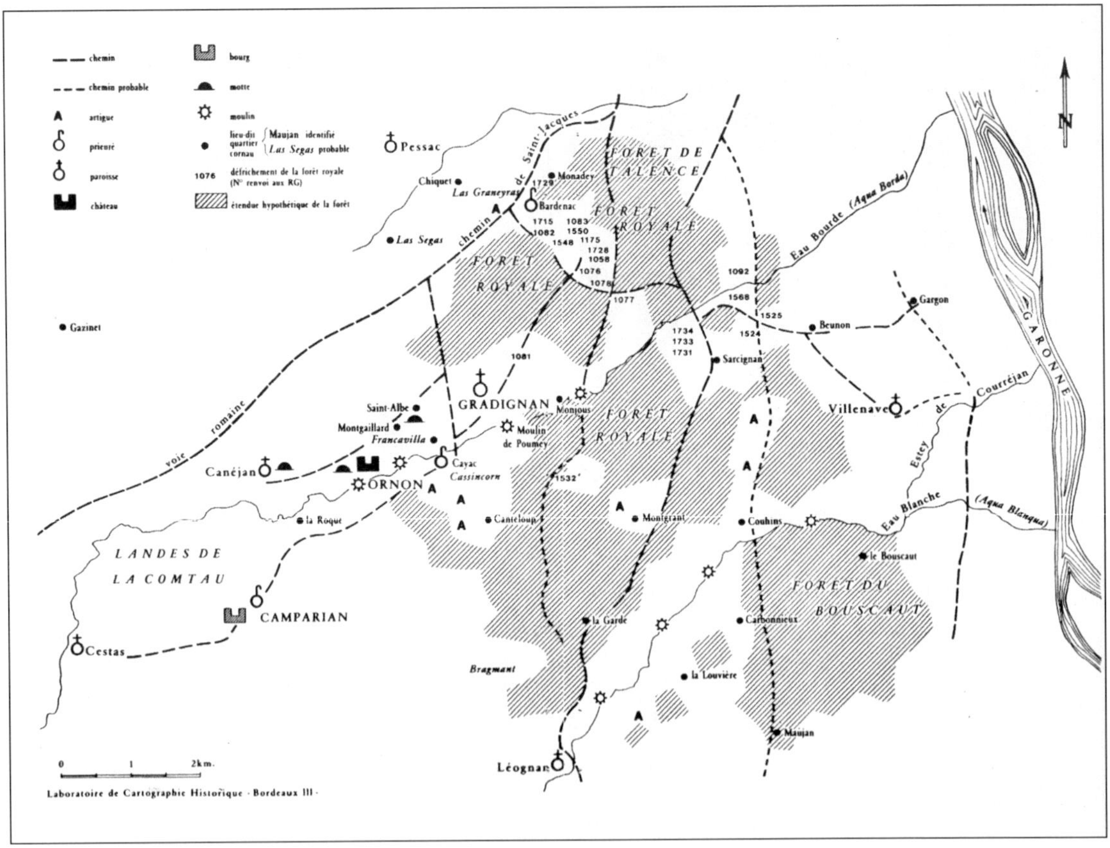

Les archives d'Edouard II, roi-duc en Aquitaine, permettent de saisir les efforts de colonisation et de mise en valeur des terroirs de la banlieue sud de Bordeaux, et donc de Gradignan, au tournant des XIIIe et XIVe siècles : défrichement de la forêt royale, l'extension du vignoble, la poussée et les investissements de la bourgeoisie bordelaise (Ch. Higounet, 1977). En 1786, c'est la mention expresse dans un contrat de vente de « cru de Gradignan ». En 1845, selon William Franck, il y avait 13 principaux propriétaires de vignobles à Gradignan, qui produisaient 500 à 600 tonneaux. Mais avec la crise du phylloxéra, on passe de 724 ha de vignes à 242 en 1910, 100 ha en 1938 et 32 ha en 1956 et à la quasi-disparition du vignoble dans les années 1970.

Ci-contre, selon Edouard Féret, en 1898, « *le Château-Laurenzane appartient à madame veuve Gaston Rodrigues-Henriques (née Dubreuil). C'est un des premiers crus de Gradignan. Ses vins sont particulièrement corsés, séveux, bouquetés et pleins d'avenir. Ils sont fort estimés en Angleterre où on les classe avec raison parmi les grands vins de Bordeaux. La production moyenne de ce cru atteint 100 tonneaux.* »

Le château de Laurenzane est devenu, en 1986, l'hôtel de ville qui était installé depuis 1946 au château de l'Ermitage. Déjà le 21 août 1668, l'envoyé du tsar revenant d'Espagne s'était arrêté à Gradignan et s'était reposé « *dans sa tente persane qu'on avait dressée dans un verger de Laurenzane* ».

La maison noble de Laurenzane est entre les mains, au moins dès le XVIIe siècle, d'une famille de Bordeaux, d'origine bourgeoise. En 1752, le marquis de Sallegourde, dont l'épouse avait hérité de son frère Jean de Mosnier, mort sans descendance en 1723, a vendu au négociant Louis Pourcin des terres à Laurenzane. Un Martial Mosnier, avocat à la cour du Parlement, en était déjà propriétaire au XVIe siècle.

De 1851 à 1953, le domaine appartint aux familles Rodrigues-Dubreuil. C'est la propriété la plus importante de Gradignan avec 86 ha d'un seul tenant, un parc de 20 ha, un vignoble de 20 ha. En 1940, il n'y a plus que 4 ha de vignes qui sont arrachées en 1948. Le château a été reconstruit au XIXe siècle dans le style néo-classique et restauré après un incendie en 1979. L'ancienne serre a disparu durant la Seconde Guerre mondiale. La municipalité l'a remplacée en 1992 par une serre du même type achetée à un propriétaire de Cadaujac.

A la fin du XIXe siècle, le domaine de Saint-Géry s'étendait sur 25 ha dont 14 ha de vignes. Il obtint, en 1900, une médaille d'argent à l'Exposition universelle de Paris ; en 1905, une médaille d'argent à l'Exposition universelle de Liège ; en 1907 une médaille d'or à l'Exposition de Bordeaux. En 1962, les vignes furent arrachées, le château détaillé en appartements. En 1982, la chartreuse de Saint-Géry (1813) fut transformée en foyer-restaurant pour personnes âgées.

L'extension des grands domaines contraste avec l'éparpillement en *règes* (rangs) des petits viticulteurs (La Mignonne, Martinon, Corporeau), ce qui explique que, contrairement à la surface viticole qui diminue fortement, le nombre de déclarants se maintient sinon croît : 85 en 1910 ; 88 en 1921 ; 123 en 1929 ; 75 en 1938 ; 178 en 1942 ; 54 en 1946 et 1954.

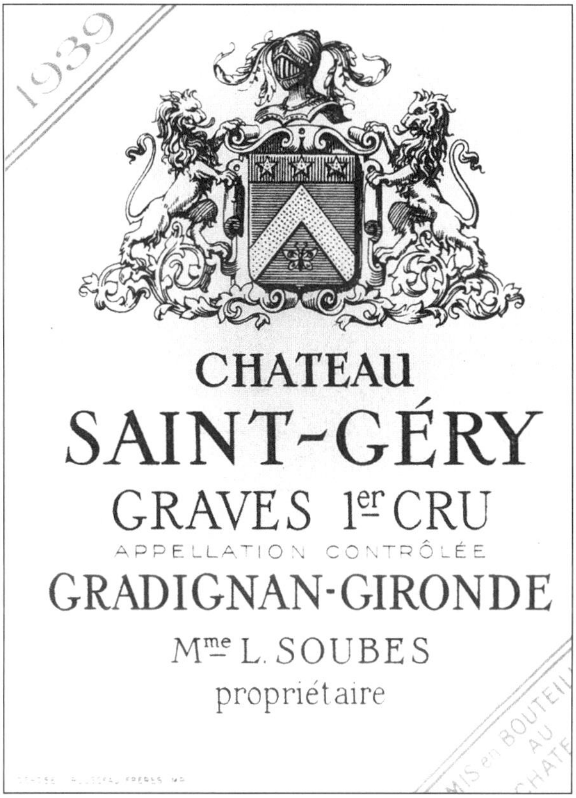

Ci-dessus, le château Saint-Albe. Selon Féret, en 1898, « *cet excellent cru a été beaucoup amélioré depuis que* M. H. *Beyerman en est propriétaire. Sa production qui a atteint en 1891 près de 60 tonneaux, s'est élevée à 140 tonneaux en 1893.* » Le destin de la famille Beyerman est représentatif de la place des Hollandais, comme de nombreux étrangers, dans la vie de Bordeaux et de sa banlieue aux XVIIIe et XIXe siècles. Le fondateur de la maison, Cornelis Beyerman, s'était fixé à Bordeaux vers 1730.

Ainsi, à la fin du XIXe siècle, Saint-Albe rivalisait avec Laurenzane. Ses 25 ha produisaient un vin de grande qualité, surtout en Cabernet et Cabernet-Sauvignon. Au début du XXe siècle, la Maison Paul Dubois et Cie de Bordeaux, devenue propriétaire, ne conserva de l'ancien vignoble que les croupes les mieux situées pour augmenter la qualité d'un crû très recherché.

Le château de Lestonat (ou Lestonnac) a été construit au XVIIe siècle au sud de la paroisse. Son domaine comprenait essentiellement des forêts et des pâturages et s'étendait sur Gradignan, Léognan et Canéjan. Il avait un important troupeau de vaches laitières. Son originalité tient aussi à l'histoire de ses propriétaires. En 1825, meurt dame Andrée de Galutheau, veuve de Joseph de Montaigne, descendant direct de Michel Montaigne. Le domaine passe par alliance au comte de Kercado (1793-1878), bienfaiteur de la paroisse et de la commune.

Le château d'Ornon du XIXe siècle a pris le nom du lieu-dit éponyme de la famille comtale et il ne doit pas être confondu avec les mottes médiévales voisines. Le beau domaine est l'objet dans les années 1930 d'un lotissement, parcelle par parcelle, de Polycarpe Suso, sujet espagnol qui a vécu au Mexique. En 1972, confié en gestion au patronage laïque de Gradignan, le château d'Ornon devient un centre aéré.

Le souvenir du château Lange reste attaché à la jeunesse de François Mauriac. En effet, la propriété (28 ha avec un vignoble de 10 ha) a appartenu durant de nombreuses années à sa grand-mère maternelle, madame Coiffard, née Irma Abribat. François Mauriac raconte dans « *Commencements d'une vie* » (1932), que « *les employés du tram appelaient ce domaine la maison des curés, parce que chaque fois qu'il y avait une soutane dans le tram, elle descendait à Château Lange.* »

Dans ses « *Nouveaux mémoires intérieurs* » (1965), François Mauriac évoque le château Lange ainsi que « *la chapelle de Château Lange, où elle* (la vieille reine, sa grand-mère) *avait obtenu de tenir Dieu à sa merci.* » Or, ne subsiste du château, désormais disparu et qui se situait derrière la résidence-hôtel L'Host, que le colombier transformé en chapelle par la grand-mère de François Mauriac.

Selon Edouard Féret en 1898, « *le Château Moulerens est entouré d'un domaine de 50 ha (...) Le vignoble est formé de deux parties, l'une très ancienne, l'autre créée il y a trente ans par M. Buhan en cépages de premier choix où le Cabernet domine. Ce vignoble est assis sur un sol très élevé sablo-graveleux sur fond d'alios, d'arène ou de sable. Ses vins sont classés au rang des meilleurs de la commune.* »

C'est une maison noble à l'origine ayant appartenu à Dominique Cabarrus (1722-1798). Joseph-Evariste Buhan (1812-1893), d'une famille de négociants à Bordeaux depuis le XVIIe siècle, en fit l'acquisition. Son fils Eugène fut maire de Gradignan de 1886 à 1904 et sénateur de la Gironde de 1920 à 1932. En 1946, les Coqs Rouges, patronage de la paroisse de Sainte-Eulalie, s'installèrent à Moulerens grâce au don de la famille Buhan à la ville de Bordeaux. Le vignoble a alors été remplacé par les terrains de football et des espaces verts.

En 1898, le domaine de Barthez « *a une étendue de 38 ha (...). Les vignes y sont tenues basses à 40 cm du sol, avec double rang de fil de fer. Les cépages employés sont le Cabernet, le Malbec et le Merlot. La production moyenne atteindra bientôt 50 tonneaux. Ces vins ont obtenu des récompenses (...). Ils sont très recherchés et se vendent ordinairement de 900 à 1 200 francs le tonneau.* » (Féret).

Jusqu'en 1759, le domaine de Barthez fit partie des terres du prieuré de Cayac. Le château était à l'origine un bâtiment de ferme. Sa transformation date de 1895 après son achat par madame veuve Gondouin. Après 1918, la propriété s'orienta vers la production laitière. La vigne disparut en 1948. En 1965, le domaine est loti, mais le château a survécu.

En 1898, Edouard Féret mentionne les principaux domaines viticoles avec leur production en vin rouge : ils sont 33 et leur production s'échelonne de 4 à 100 tonneaux. Une trentaine de petits propriétaires font de 1 à 3 tonneaux.

En 1898 est aussi mentionné le domaine des Rosiers-Bellevue avec l'indication d'une production de 20 tonneaux. Féret indique que « *le domaine des Rosiers-Bellevue, presque entièrement reconstitué depuis que madame veuve Barreyre-Chateteau l'a acquis, est complanté en cépages de choix* ». Dès 1907, son propriétaire, monsieur Kerhig obtenait dans sa catégorie, le prix de viticulture avec médaille d'or. La culture de la vigne fut abandonnée en 1932. Plus tard, le château fut rasé et sur le domaine fut construit l'ensemble résidentiel du même nom.

Le domaine de Tauzia a longtemps appartenu aux seigneurs de Pommiers, famille noble qui joua un rôle politique et militaire, en particulier au XIVe siècle, à Bordeaux. Le château qui a été classé Monument historique (1965) a été en partie reconstruit entre 1768 et 1780. Depuis 1888, il est la propriété de la famille Calvet. La culture de la vigne fut abandonnée en 1926.

Si tous les domaines de Gradignan ont subi la même désertion viticole, les châteaux ont subi des destins très variés. En 1805, dans *l'Echo du Commerce de Bordeaux*, on trouve l'annonce : « *A vendre sur le domaine de Laburthe, commune de Gradignan, près Bardanac, bois de tonneau de toute espèce, bûches de chêne, fagots idem, faissonnats de charme, cercles de cuve et de gargouille, carrassonne de pin, fagots de pin.* » En 1951, l'institution des Sourdes et Muettes est installée au château Laburthe.

La famille Faure, propriétaire d'une des plus anciennes maisons commerciales de Bordeaux, s'installe vers 1865 au château du Gay, appelé aussi Mandavit. La propriété avait appartenu à un ancien capitaine de navire, Raymond Mandavit, qui fut aussi maire de la commune. En 1974, le domaine est vendu. Le château restauré abrite désormais l'école municipale de musique. Les prairies et les bois sont devenus des aires de détente et des terrains de sports.

Le château du Haut-Vigneau, au milieu d'un parc de 16 ha, lui-même environné de vastes propriétés boisées (chênes, pins et ormeaux), a été aménagé en solarium par le docteur J.-M. Durand, en mai 1918. En 1942, les propriétés les plus boisées étaient : Bois Laburthe (40 ha), La Crabette (30 ha), Malartic (20 ha), Château du Gay (18 ha), La Poterie (27 ha), Moulerens (12 ha), Saint-Albe (12 ha), Moulin d'Ornon (12 ha), Château Lestonat (12 ha).

A partir des années 1920, l'habitat se densifie et se diversifie. A côté des châteaux, des manoirs, des échoppes du bourg et des vignerons, des fermes, commencent à apparaître quelques villas avec leur nom, mais aussi quelques baraques en planches sur les lotissements. En 1997, on dénombrait 4 072 maisons individuelles et 3 967 logements en immeubles collectifs.

Ci-dessus, la Maison Rouge, sur la route de Bordeaux. En 1909, Gradignan compte 4 entrepreneurs de bâtisses, 4 charpentiers, 2 menuisiers, 3 peintres, 3 plâtriers, 3 serruriers et 3 scieries mécaniques. En ce qui concerne les ordures ménagères, le maire préconise en 1933 un procédé qu'il emploie depuis plus de 35 ans : faire une fosse à même le sol pour y recevoir les ordures ; tous les 3 ou 4 jours, jeter dessus de la chaux et la décomposition se produit. Lorsque la fosse est pleine faire enlever le contenu pour le mélanger à un tas de terreau.

Implantée depuis longtemps à Gradignan, la famille Souleau dirigeait un important commerce de vins, ouvert dès 1865. Elle mena de front négoce et café. Elle céda cependant le fond de commerce du Chalet Lyrique en 1885 pour se consacrer essentiellement aux vins. En 1909, il y avait à Gradignan, six négociants en vins.

En 1882, les vignes couvraient 45 % du territoire communal et en 1945, ce n'est plus que 3 %. En 1909, il y avait 4 ateliers de tonnellerie. En 1911, on dénombrait 137 tonneliers et seulement 7 en 1954. En 1935, un habitant du village de Martinon vendait à son domicile du vin à emporter, pas plus de 50 à 80 litres par semaine, ce qui complétait les maigres revenus d'un hectare de potager et de vigne.

En 1931, une autre publicité, « *Maison J. Souleau, tél. 12, Veuve Marcel Souleau et Jacques Rontein, gendre, successeurs, fondée en 1865* », propose « *Vins fins et bourgeois. Livraisons rapides pour Bordeaux et la banlieue par barrique, demi et quart* ». Chaque château disposait d'un charretier. Celui du domaine de Laurenzane recevait en 1933 : 400 francs par mois, 225 litres de vin par an et la piquette nécessaire à sa consommation. En plus, il était logé et chauffé.

Le charretier de Moulerens recevait en 1934 450 francs par mois (logé, chauffé) et annuellement 340 litres de vin et 290 litres de piquette. La mémoire de toutes ces activités liées à la vigne se retrouve désormais dans un Ecomusée de la vigne et du vin installé dans l'ancienne grange du Sabatey (1996).

Aux XVIIe et XVIIIe siècles, les seigneurs de Pommiers possédaient des terres à Tauzia et à Poumey, 36 ha et essentiellement des vignes. En 1803, Poumey fut séparé de Tauzia. En 1898, Féret indique que le domaine du Château Poumey appartient à J.-E. Minvielle depuis 1882. Le vignoble venait d'être détruit par le phylloxéra. Sur un sol d'argile compacte ou calcaire, et enrichi de sables purs et de petites graves, il y a planté de 1884 à 1888 plus de 5 000 pieds de vigne ; ces travaux lui valurent le mérite agricole.

En 1962, Château Poumey est le dernier vignoble de Gradignan. En 1988, la ville achète le domaine (8 ha) pour le sauvegarder. Il est confié en fermage à la société Montagne et Cie, propriétaire-exploitant du Château Pape-Clément à Pessac. Son appellation contrôlée, Pessac-Léognan, date de 1987.

A la fin du XVIIIe siècle, pour aller à la ville, les paysannes mettent sur leur bonnet un mouchoir madras. En 1837, le bonnet a fait place au mouchoir qui, soutenu par un peigne, s'élève au-dessus de la tête en turban. Dès 1878, on mentionne à Gradignan des cultures d'asperges, de fleurs et de fraises. Dès la fin avril, la petite fraise ou fraise des bois est très prisée. Le jardin potager joue un très grand rôle jusqu'au milieu du XXe siècle. Mais les cultures maraîchères ont périclité.

A partir de 1865, le mouchoir est un foulard léger de couleur claire. C'est la coiffure portée par les jeunes filles de la banlieue, blanchisseuses et marchandes de fruits et de légumes. En 1896, on comptait à Gradignan 1 410 femmes pour 1 243 hommes. De nombreuses jeunes filles étaient placées comme domestiques. Ainsi, en 1937, une femme de chambre, au château du Gay, était nourrie, logée et blanchie, et recevait 280 francs par mois.

Des domestiques et des journaliers aident à l'exploitation. En 1934, un couple domestique agricole à La Providence (Bardanac, photo en couverture du livre) perçoit 700 francs par mois, logé, chauffé, éclairé, avec quelques menus avantages. En 1936, un cultivateur du village d'Ornon travaille deux journées par semaine chez le fermier au domaine du Gay. Il reçoit 25 francs par jour. Le sacristain est lui aussi journalier au château du Gay. Il reçoit 20 francs par jour.

De nombreux petits fermiers sont obligés d'avoir d'autres activités pour survivre. En 1936, le fermier du domaine de Carthon-Ferrière dispose d'une vieille jument, de douze vaches, dont deux bazadaises pour le trait. Il paie 4 000 francs de fermage par an. Au village de Chant, un fermier avec une jument, trois vaches et deux génisses, paie 220 francs par mois de fermage. Ce qu'il produit lui rapporte dans l'année 5 000 francs.

A la fin du XIXe siècle, la spéculation laitière remplaça la spéculation viticole. En 1882, les terres labourées s'étendent sur 133 ha dont 60 cultivés en pommes de terre, la vigne sur 724 ha dont 675 ha de cépages blancs, 152 ha de bois et forêts. Mais les 345 ha d'herbages montrent l'importance de l'élevage. De 1910 à 1954, on est passé de 288 chevaux à 46 et de 245 bovins à 242.

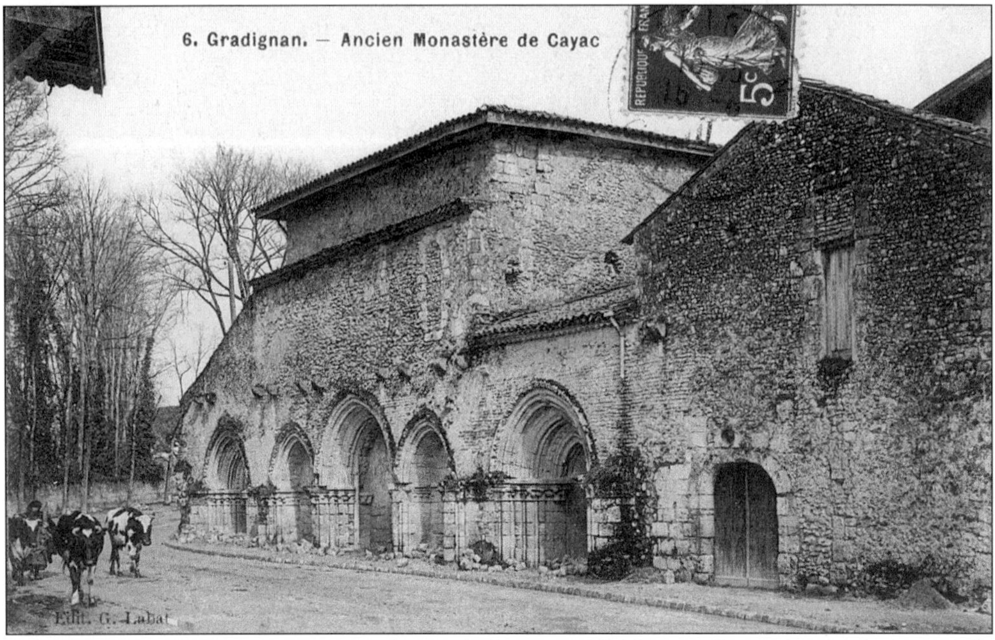

En 1939, la ferme du Gay paie 6 118 francs de fermage. Elle dispose d'une jument de travail, de 8 vaches, 4 génisses. Le troupeau fournit 35 à 38 litres de lait par jour. En 1938, au village de Fontaine de Monjous, un couple de laitiers manipule, excepté l'été, 575 litres de lait par jour. Il est aidé par deux commis. Un menuisier ébéniste d'Ornon déclare en 1932 un chiffre d'affaires annuel de 35 à 40 000 francs.

En 1882, les bouchers gradignanais abattent 120 bovins par an, 54 veaux, 260 moutons (venant de la Grande Lande). Il n'y a que deux petites tueries. En 1909, il est recensé 4 tueries et 2 marchands forains. Le jeudi est le jour principal de tuerie. Il est produit 972 000 kg de viande chaque année. Or, en 1911, la viande consommée à Gradignan est estimée à 120 000 kg par an. Par rapport à Bordeaux, un bœuf de 300 kg coûte 47 francs de moins à Gradignan, car il n'y a pas de droits d'octroi, de poids public, ni de droits d'abattage à payer. En 1938, le revenu annuel d'une boucherie du bourg est estimé à 35 000 francs. Les deux commis, nourris et blanchis, reçoivent 500 francs par mois. Le matériel et les moyens de transport (attelage, auto et camionnette) sont estimés à 80 000 francs.

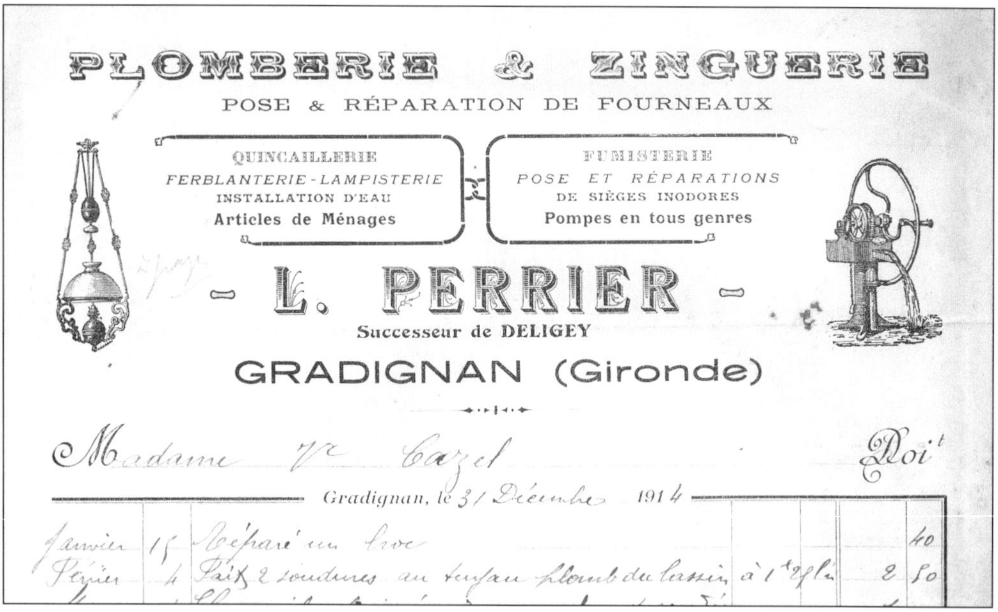

PLOMBERIE & ZINGUERIE

POSE & RÉPARATION DE FOURNEAUX

QUINCAILLERIE
FERBLANTERIE - LAMPISTERIE
INSTALLATION D'EAU
Articles de Ménages

FUMISTERIE
POSE ET RÉPARATIONS
DE SIÈGES INODORES
Pompes en tous genres

- L. PERRIER -

Successeur de DELIGEY

GRADIGNAN (Gironde)

Madame Vve Cazel Doit

Gradignan, le 31 Décembre 1914

Janvier	15	Réparé un broc	40
Février	4	Fait 2 soudures au tuyau plomb du bassin à 1f25 l'u	2 50

Dans le bourg et dans les quartiers s'implantent des commerces et des services de proximité de plus en plus nombreux et divers. Ainsi en 1909 : 12 épiciers, 6 tailleurs et tailleuses, 4 boulangers, 3 pâtissiers, 2 charcutiers, 2 comestibles, 2 cordonniers, 2 coiffeurs, 1 chirurgien-dentiste.

En 1968, Gradignan dispose des commerces de base (alimentation, boulangerie, droguerie, tabac, bazar, coiffeur, pharmacie...), des commerces de seconde nécessité (parfumerie, optique, chaussures) et enfin des commerces plus rares (décoration, meubles). Le bourg reste le pôle commercial prédominant. Mais on ne trouve plus en 1968 de mécanicien agricole spécialisé.

V
Un territoire de solidarité

La municipalité de Gradignan a souvent manifesté sa solidarité avec d'autres régions éprouvées selon ses faibles ressources : en 1866, elle donna 100 francs pour l'Algérie envahie par les sauterelles, 158 francs lors de l'ouragan de la Guadeloupe et 74 francs pour les victimes des inondations d'octobre ; en 1902, 100 francs lors de la catastrophe de la Martinique. Gradignan a été aussi un territoire de remarquables actions de solidarité, qui pour certaines se poursuivent encore aujourd'hui. Les illustrations des partitions ont été aussi des images fort répandues dans de nombreux foyers bourgeois (pianos) et populaires (chansons) durant la Belle Epoque. Elles révèlent ainsi les mentalités mais aussi les motivations, en particulier dans ce domaine de la charité ou de l'assistance.

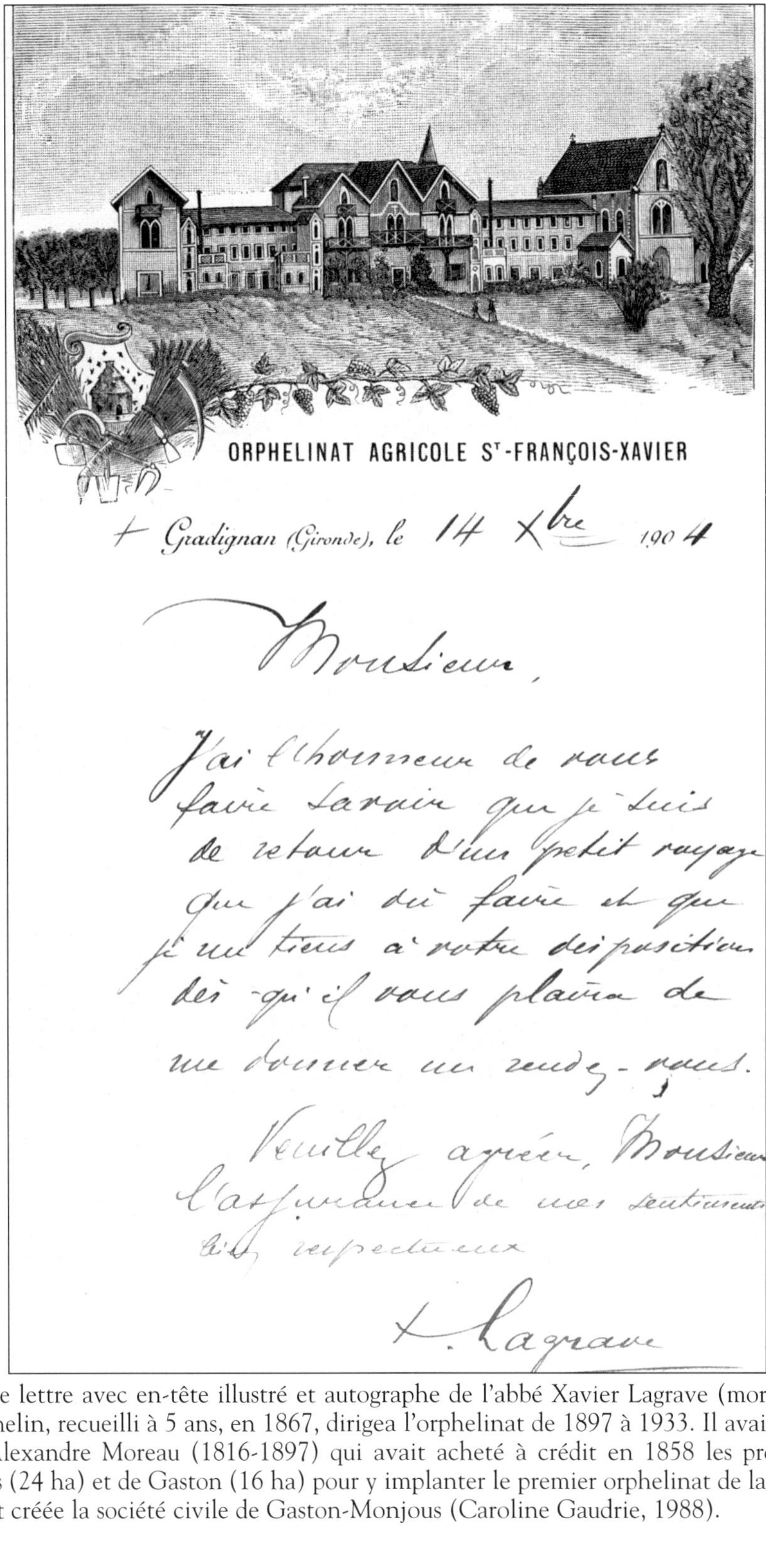

ORPHELINAT AGRICOLE ST-FRANÇOIS-XAVIER

+ Gradignan (Gironde), le 14 Xbre 1904

Monsieur,

J'ai l'honneur de vous faire savoir que je suis de retour d'un petit voyage que j'ai dû faire et que je me tiens à votre disposition dès qu'il vous plaira de me donner un rendez-vous.

Veuillez agréer, Monsieur, l'assurance de mes sentiments très respectueux

+ Lagrave

C'est une lettre avec en-tête illustré et autographe de l'abbé Xavier Lagrave (mort en 1938) qui, orphelin, recueilli à 5 ans, en 1867, dirigea l'orphelinat de 1897 à 1933. Il avait succédé à l'abbé Alexandre Moreau (1816-1897) qui avait acheté à crédit en 1858 les propriétés de Monjous (24 ha) et de Gaston (16 ha) pour y implanter le premier orphelinat de la région. En 1881, fut créée la société civile de Gaston-Monjous (Caroline Gaudrie, 1988).

Le but de l'abbé Moreau de 1857 à 1897, puis de l'abbé Lagrave, de 1897 à 1933, était de faire d'orphelins et de vagabonds venant de la ville des agriculteurs honnêtes et travailleurs. En 1933, l'orphelinat est pris en charge par l'œuvre de Don Bosco (ci-dessus). Don Bosco (1815-1888) est le fondateur en Italie de l'ordre des Salésiens (ou prêtres de Saint-François-de-Sales) qui avait le même but mais une pédagogie différente, préventive. L'enfant pris en faute n'était plus châtié mais mis en face de ses responsabilités (H. Faure, 1957).

Les archevêques de Bordeaux marquèrent leur sollicitude à cette œuvre par de nombreuses visites. Monseigneur La Bouillerie, coadjuteur, consacra lui-même la chapelle Saint-François-Xavier qui avait obtenu en 1866 les droits de paroisse. Depuis sa fondation jusqu'en 1933, la maison recueillit plus de 4 000 enfants. En 1969, 13 Salésiens, 5 religieuses et 50 laïcs s'occupaient d'eux. Les sœurs se retirèrent en 1971 et le dernier Salésien en 1973.

En 1933, une blanchisseuse y gagnait 10 francs par jour ; en 1939, une ménagère-lingère, 8 francs, en 1935, un professeur de 7e 100 francs par mois, nourri, logé et blanchi ; une jeune fille de 23 ans occupée à l'éducation et la surveillance des petits enfants 200 francs par mois, nourrie et blanchie. L'orphelinat a été remplacé par un centre d'orientation et d'insertion professionnelle pour les jeunes de seize à vingt-cinq ans, géré par l'Association Saint-François-Xavier qui a remplacé les Salésiens.

L'orphelinat qui se trouve à l'est, à la limite de la commune de Villenave-d'Ornon, était desservi, depuis Bordeaux, par une ligne d'omnibus directe qui empruntait le pont de la Maye. La chartreuse primitive fut surélevée de deux étages. En 1863, à chaque étage, un dortoir était prévu pour 60 enfants, au rez-de-chaussée, cuisine et réfectoires. En 1889, on comptait 230 garçons dont 60 trouvèrent un emploi temporaire chez les propriétaires voisins.

A partir des années 1870, trois bâtiments formaient la colonie agricole : la maison centrale (l'ancienne chartreuse rénovée par l'abbé Moreau) qu'occupaient les chambres du personnel et les dortoirs, et au rez-de-chaussée, les salles de classes et les communs. Le bâtiment voisin était réservé aux sœurs, Filles de la Charité de la Sainte-Agonie, jusqu'en 1904.

Depuis 1931, la colonie agricole était reconnue par un arrêté ministériel comme centre d'apprentissage agricole. L'orphelinat reçoit, à l'époque de l'abbé Lagrave, des garçons orphelins ou semi-orphelins entre 4 et 12 ans, les garde jusqu'à 15 ans puis les place s'ils ne sont pas retirés par les parents. Les conditions étaient : 50 francs d'entrée et 45 francs par mois. La formation consistait en une instruction primaire jusqu'au certificat d'études, et une instruction professionnelle (horticulture, agriculture, viticulture).

Les conditions matérielles d'accueil des petits colons s'améliorent progressivement : les assiettes et les verres remplacèrent les gamelles en fer et rouillées ; les chaussures les sabots. Mais en dehors des placements et des vendanges, ils ne sortaient du domaine que pour la promenade en groupe.
L'abbé Lagrave créa une fanfare. Ainsi la clique de Saint-François-Xavier a été photographiée dans les années 1920 devant le Grand Théâtre de Bordeaux lors de son concert annuel. Des colonies de vacances furent aussi organisées dès 1935.
Notons qu'à la poterie Laborde travaillaient en 1939 deux frères orphelins du village de Beausoleil, ayant respectivement 16 et 14 ans, l'aîné comme mouleur depuis 1937 et le cadet aidait son frère depuis 1938.

Ci-contre, dès le début, un effort est consacré au jardin. A partir de 1925, fut installé un système d'arrosage par pompes aériennes puis actionnées entre 1930 et 1931 par une motopompe électrique. La ferme se spécialisa aussi dans l'élevage bovin. En 1970, le collège agricole compte, sur 50 ha, un troupeau de 30 vaches dont 19 laitières, une trentaine de porcs, 10 000 m^2 de jardins et 4 ha de vignes en *règes*.

1. LE REPOS MATERNEL à Gradignan (Gironde). Fondation Raba-Deutsch de la Meurthe
Entrée du Parc - Grille et Pavillons

Le château Lafon a appartenu, depuis 1816, à la famille Rodrigues et fut donné en héritage à une nièce, Ida Marguerite Raba, épouse Deutsch de La Meurthe qui, veuve, le légua au bureau de bienfaisance de Bordeaux pour en faire le Repos Maternel. En 1914, il est ainsi projeté une « *hospitalisation dans le but philanthropique* » et un établissement d'éducation pour jeunes filles pauvres, de 8 à 18 ans, élevées gratuitement. A partir de 1920, des ouvrières pauvres viennent s'y reposer avant et après leurs couches.

2. LE REPOS MATERNEL à Gradignan (Gironde). Fondation Raba-Deutsch de la Meurthe
Avenue d'entrée

En 1937, un arrêt de tramway est décidé à Rochefort, en face du portail d'entrée du Repos Maternel. A la mort de la donatrice, le vignoble (4 ha) dont elle avait gardé l'usufruit revint à la ville de Bordeaux. Il fut vendu à la Société Baticoop qui en fit des lotissements. Depuis 1972, l'établissement est géré par le centre communal d'action sociale de Bordeaux.

En 1955, sont énumérées toutes les formes de logement social sur la commune : la maison de retraite du bureau d'aide sociale de Bordeaux, la Cité Jardin (100 maisons), le lotissement de la Prairie (30 maisons), le lotissement de Laurenzane (6 ha) placé au centre de l'agglomération, aménagement d'un particulier, le Toit Girondin (7 ha) sur le domaine du Château Lange, l'institution nationale des Sourdes Muettes transférées de Bordeaux à Gradignan etc.

Ci-dessus, le Repos Maternel et son annexe, accueillant plus de 150 femmes et enfants. L'habitat était très dispersé et peu dense. Ainsi, le 10 août 1935, un avion de bombardement du Centre d'aviation de Toulouse, par suite d'une panne de moteur, a atterri sans difficulté à proximité de la ferme Roux. L'appareil fut gardé par les habitants jusqu'à ce qu'une équipe de dépannage du Centre d'aviation de Cazaux vienne le chercher.

Jusqu'en 1950, le Repos Maternel est géré par les religieuses de Saint-Vincent-de-Paul. En 1939, un seul théâtre cinématographique continue à donner des représentations, celui géré par Sœur Agnès, du Repos Maternel, directrice du patronage de la Congrégation des Enfants de Marie. Notons l'équipement réduit du bureau.

L'implication des religieuses dans l'action sociale ou éducative est fort ancienne. En 1860, l'école des filles, dont les religieuses avaient accepté la charge, ne recevait d'autre secours de la commune que le local. Elles s'occupent aussi de la salle d'asile. Le 20 juillet 1902, le conseil municipal intervient en faveur de l'école des sœurs de la Présentation : « *considérant que cette mesure* (les exclure) *est de nature à jeter le trouble et la discorde dans une commune qui jouissait depuis de longues années d'une parfaite tranquillité* ».

Cet établissement avait pour but, en 1932, de permettre à toute femme française, demeurant à Bordeaux et enceinte, de se reposer pendant les derniers mois de sa grossesse, et, après ses couches, de nourrir son nouveau-né ; cela avec la possibilité d'amener ses autres enfants. Son séjour ne l'empêchera pas de bénéficier des allocations. Les femmes ne sont pas tenues de faire connaître leur état civil.

Ainsi en 1937, est accueillie une célibataire de 20 ans et mère d'un enfant naturel âgé d'un mois. Elle était serveuse dans un restaurant à Bordeaux. Elle y était nourrie seulement ; les pièces que lui donnaient les clients (en moyenne 15 francs par jour) étaient son seul gain. Son séducteur, âgé de 18 ans, travaillait à la construction d'un navire de guerre.

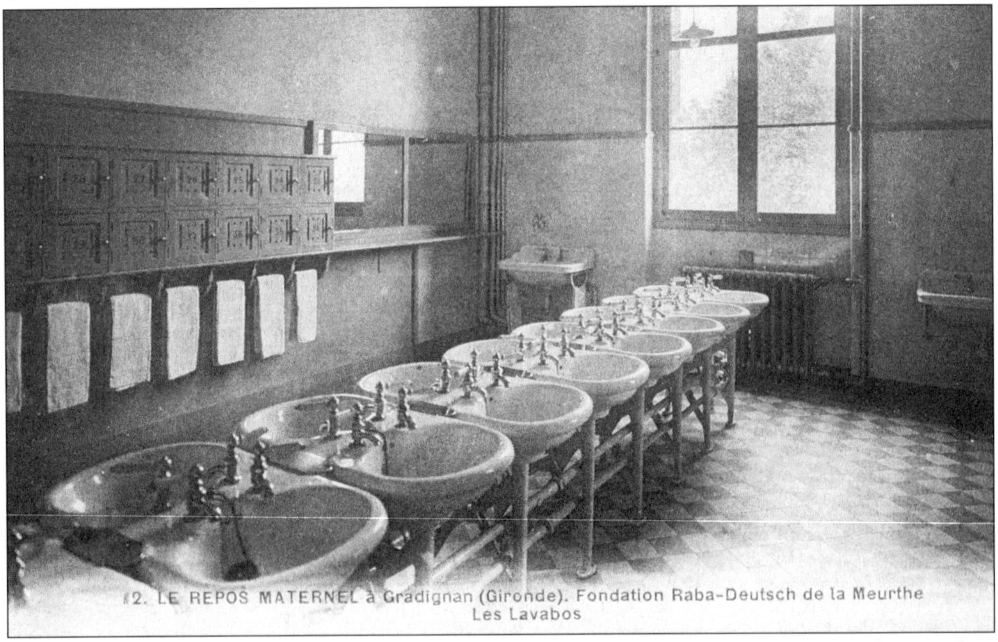

En 1932, une jeune ouvrière de 18 ans « *dans le tram en se rendant ou en revenant du travail ne cesse de se faire remarquer par ses propos désobligeants et l'incorrection de sa tenue. La plupart des voyageurs indignés, ne lui répondent pas ou feignent de ne pas l'entendre* ». Ces jeunes ouvrières gagnent aussi bien dans une chocolaterie de Talence que comme aide infirmière à l'hôpital militaire du Béquet, 20 francs par jour (1936).

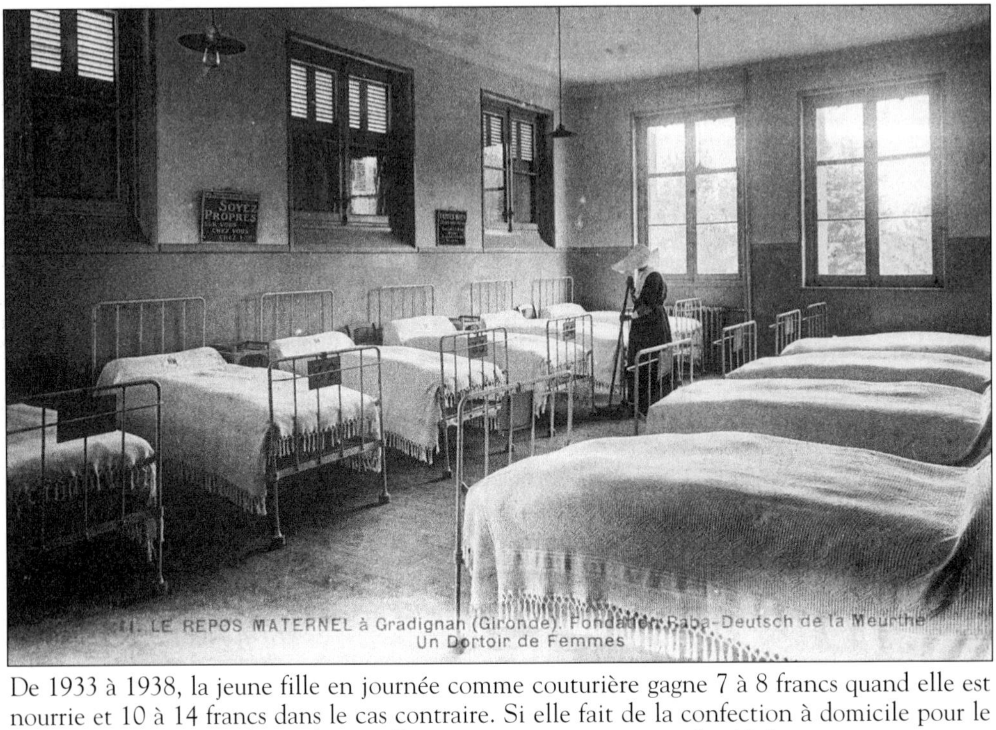

De 1933 à 1938, la jeune fille en journée comme couturière gagne 7 à 8 francs quand elle est nourrie et 10 à 14 francs dans le cas contraire. Si elle fait de la confection à domicile pour le compte d'une maison de Bordeaux, elle peut gagner en moyenne 5 à 10 francs.

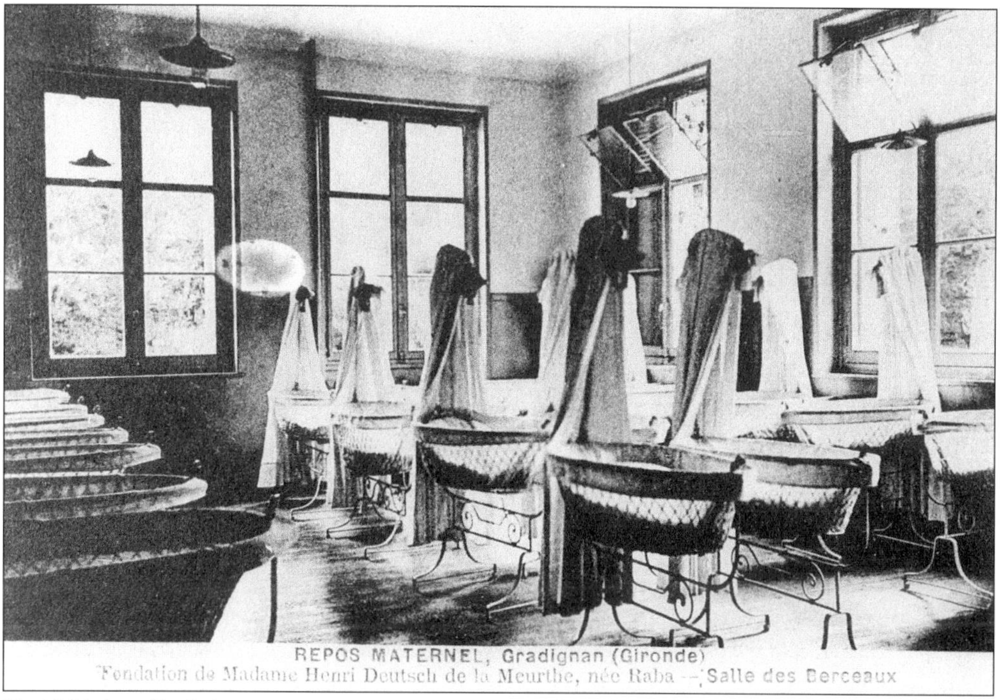

En 1904, la salle de la mairie est prêtée pour une conférence sur la mortalité infantile. En 1924, le conseil municipal adopte le vœu de l'Alliance nationale pour l'accroissement de la population en faveur de la « repopulation ». Selon elle, la diminution rapide du nombre des naissances françaises « *contribue puissamment à entretenir en Allemagne des idées de revanche, et par suite, elle met en danger le maintien de la paix que tous les Français désirent ardemment* ».

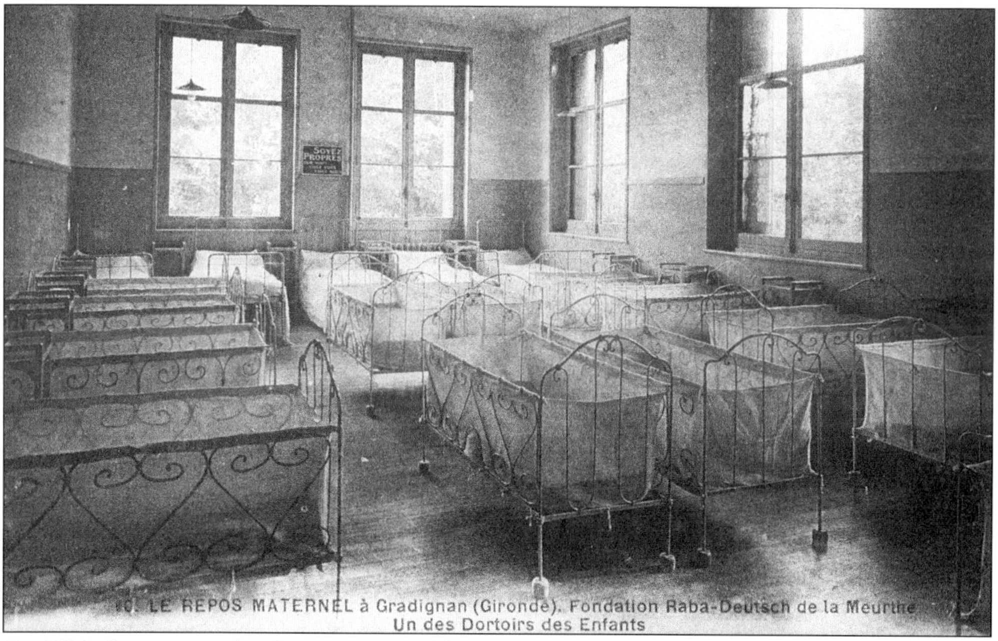

En 1933, il y a au moulin de Monjous un fabricant de tables et chaises de fer. Un ouvrier y gagne 30 francs par jour et travaille 5 journées par semaine. En 1939, l'entreprise fournit l'armée.

En ce qui concerne les œuvres sociales en Gironde (Assistance publique et bienfaisance privée), un guide pratique a été édité pour la première fois à Bordeaux en 1892 par le secrétariat du peuple appartenant à l'Œuvre des cercles catholiques d'ouvriers. Un indicateur de la charité bordelaise a été publié en 1900, aux frais de la municipalité par la Commission consultative d'assistance publique, créée par le maire de Bordeaux en 1897.

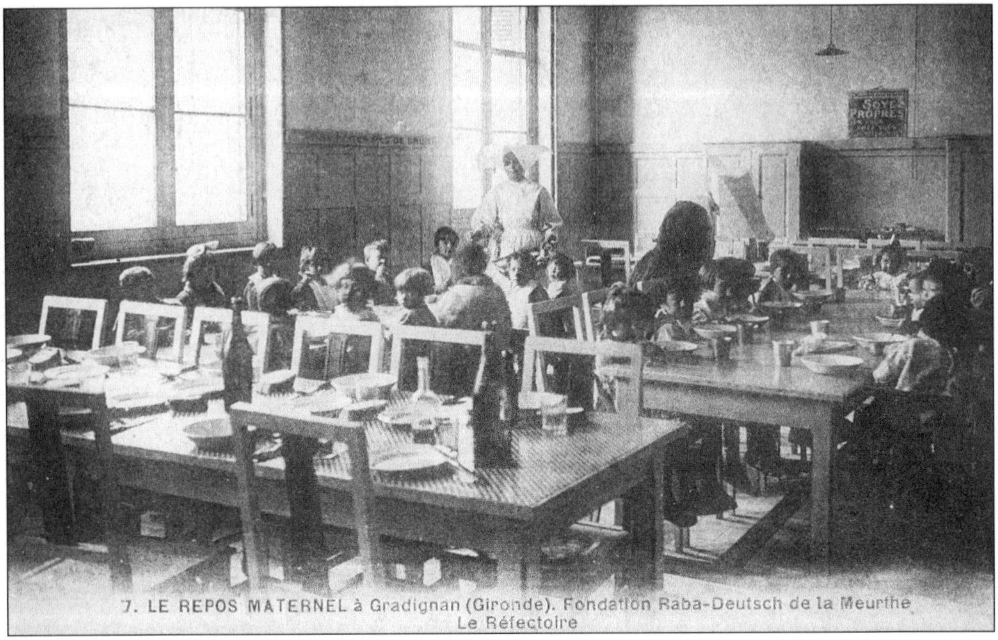

Enfin, en 1932, c'est la parution d'un « *Guide des œuvres sociales du département de la Gironde* ». Dans la préface, il est proclamé « *que Bordeaux est une ville généreuse entre toutes, où l'assistance est remarquablement organisée par un accord tacite des pouvoirs publics et de l'initiative privée* ».

En 1857, le curé de la paroisse de Gradignan lance une souscription annuelle auprès de 19 personnes représentant une somme de 320 francs afin d'établir dans le local de l'école des jeunes filles de la commune dirigée par les sœurs, une salle d'asile. Des fonds pour les pauvres furent versés à l'occasion de legs de riches propriétaires. En 1878, un bureau de bienfaisance est créé en raison du legs annuel de 600 francs fait par Octave Rodrigues.

Les bureaux de bienfaisance ont été institués en vue de distribuer à domicile des secours surtout en nature aux indigents par la loi du 7 frimaire an V (1796). Cette loi disposa que le dixième qui serait ajouté au prix des billets d'entrée à tous les spectacles leur serait attribué. La salle d'asile publique de Gradignan établie depuis fort longtemps n'a jamais été créée par délibération du conseil municipal, ce qui est fait en 1882.

20. LE REPOS MATERNEL à Gradignan (Gironde). Fondation Raba-Deutsch de la Meurthe
Groupe dans le Parc

Tous ces établissements hospitaliers formaient de véritables petits villages, au même titre que les autres quartiers de Gradignan. Ainsi, dans un rayon de 1 500 m autour du bourg, les villages du Colinat comptaient 113 habitants, de Branne, 91 ; de Chartreze, 81 ; de Gazaillan, 46, et Moulerens, 23. En 1936, le village du Colinat était formé de 18 ménages « *assez agglomérés* ».

3. LE REPOS MATERNEL à Gradignan (Gironde). Fondation Raba-Deutsch de la Meurthe
L'Oratoire

En 1934, au village de Rochefort, la situation d'une mère de 5 enfants et dont le mari âgé de 33 ans est au chômage est difficile. Elle touche 50 francs par mois au titre des familles nombreuses et reçoit 10 kg de pain par semaine et deux litres de lait par jour que la commune lui accorde. Mais elle devait payer 160 francs de loyer par mois.

SOLARIUM DE GRADIGNAN (Gironde)

PRÉVENTORIUM

Direction Médicale :
Dr. J. BOISSERIE-LACROIX.
Médecin des Hôpitaux

Direction Administrative :
Mr. J. ROGER-DURAND.

Cliché SOLARIUM.

Le **Solarium de Gradignan** a été créé pendant la Guerre, en mai 1918, par le Docteur J.-M. Durand, Médecin des Hôpitaux de Bordeaux, Président de la Société de Médecine et de Chirurgie, Fondateur de Feuillas, aujourd'hui Sanatorium Xavier-Arnozan, premier sanatorium pour tuberculeux ouvert dans le Sud-Ouest.

SITUATION. — Le Solarium de Gradignan, installé au Château du Haut-Vigneau. Commune de Gradignan (Gironde), à 12 kilomètres de Bordeaux, est situé sur un des points les plus élevés de la région, au milieu d'un parc de 16 hectares, environné lui-même de vastes propriétés boisées. Il est à la lisière des grandes forêts de pins maritimes, qui s'étendent jusqu'à l'Océan et dont les émanations balsamiques lui arrivent directement.

Cette situation, sur un sous-sol sec, permet la cure aussi bien durant l'hiver que durant l'été.

Ouvert toute l'année, il comprend 150 lits.

OBJET. — Le Solarium de Gradignan reçoit les garçons de trois à dix ans et les fillettes de trois à quinze ans ;

« *Quand nous serons dans l'Afrique infernale/ Loin de Bordeaux et loin du cours Saint-Jean…* » (*Marche des Navalais*, étudiants de l'Ecole de santé de la Marine, fondée à Bordeaux en 1890).

Le solarium comportait un grand bâtiment central, un pavillon d'isolement, une infirmerie, des chambres d'observation, une terrasse-solarium d'été et un petit solarium d'hiver (lumière irradiée et rayons ultraviolets), un service d'hydrothérapie. Le pavillon d'admission (une espèce de lazaret) était situé au milieu du parc, à plus de 300 m des bâtiments du solarium. Depuis les années 1960, le principal bâtiment est occupé par le laboratoire d'énergie nucléaire.

La cure de soleil avait lieu tous les matins sur les terrasses du solarium. L'aération continue, les promenades en plein air, une large alimentation constituaient les bases essentielles du traitement des « *enfants délicats, anémiés, convalescents, fatigués par la croissance et le surmenage, les sujets exposés... à devenir tuberculeux, les lymphatiques, rachitiques, etc.* »

Une institutrice est attachée à l'établissement. Sauf le jeudi et le dimanche, deux heures par jour sont consacrées aux études ; un jardin d'enfants est organisé pour les petits. L'été, l'école se fait en plein air, s'inspirant de la méthode fröbelienne (Fröbel, pédagogue allemand, 1782-1852) et de l'observation directe. Les fillettes reçoivent des notions de tenue ménagère, de couture, et sont formées à étudier et à confectionner des ouvrages manuels « *de réelle valeur* ».

Le solarium comportait une grande salle de jeux, avec théâtre et ses décors, guignol, cinéma. De petites comédies, féeries et ballets enfantins y étaient organisés. L'été, ceux-ci ont lieu au petit théâtre de la nature, situé dans une partie ombragée de la propriété. De grandes promenades en forêt, avec goûter, ont lieu fréquemment. Du 15 mai au 15 septembre, il est organisé toutes les semaines des journées complètes à la mer avec pique-nique en forêt.

En 1932, une Polonaise de 34 ans est domestique agricole au solarium. Elle gagne 200 francs par mois, nourrie, logée et éclairée. Son mari, de 32 ans, domestique agricole au même endroit, gagne 400 francs par mois et dispose des mêmes avantages. Un autre gagne seulement 250 francs, nourri, logé et blanchi. Le prix de pension d'un enfant au solarium est de 12 francs par jour, payable par mois et d'avance, sauf pour les administrations publiques.

Sont compris dans la pension : les soins médicaux et les médicaments du Codex. En 1932, quatre enfants de 6 à 12 ans sont décédés au solarium. Il s'agissait d'une épidémie de rougeole qui affecta 50 enfants sur un effectif total de 254. Les enfants sont renvoyés dans d'autres établissements ou dans leurs familles. Il n'y avait pas eu de maladie contagieuse depuis 4 ans.

Ce bâtiment, au Bourdillat, a disparu, suite à l'incorporation de la propriété dans l'emprise de la maison d'arrêt. Les Pupilles de la Nation ont été institués par la loi du 27 juillet 1917 qui devait régler le sort de plus d'un million d'enfants, orphelins de guerre ou dont les parents avaient été victimes de la guerre. Ils étaient confiés à des fondations, associations ou groupements et bénéficiaient de bourses et de diverses exonérations. L'œuvre des pupilles de l'école publique fonctionnait dans tous les départements. Son objet était l'assistance morale et matérielle aux orphelins de guerre qui fréquentaient les écoles publiques.

40. - GRADIGNAN (Gironde). — Colonie Scolaire de Vacances de la Ville de Paris M.D.

En 1953, le conseil municipal énumère parmi les établissements d'utilité publique qui se trouvent sur son territoire, les centres des colonies de vacances de la ville de Bordeaux au Bourdillat, de la ville de Bègles à Monjous. Il faut rappeler que la municipalité a porté au moins depuis le milieu du XIXe siècle toute son attention à l'enfance malheureuse. Ainsi, avant la mise en place de l'école primaire publique et gratuite, elle a pris en charge les leçons des enfants indigents.

41. - GRADIGNAN (Gironde). — Colonie Scolaire de Vacances de la Ville de Bordeaux M. D.

Pour les indigents malades, la commune assume les frais d'une assistance médicale gratuite et la fourniture des médicaments. Notons aussi les services rendus par le docteur Maurère (1920) et par le docteur Emile Lestage (1873-1942), le « médecin des pauvres ».

VI
Un pays du sourire

Déjà, le 8 octobre 1757, une ordonnance des jurats de Bordeaux faisait défense à tout bourgeois et habitant de Bordeaux de sortir de la ville avec des fusils sous prétexte de chasser aux environs. Voici deux autres anecdotes qui illustrent l'importance de la tradition de la chasse dans la commune : en 1933, au village de Beausoleil, une plainte collective contre un voisin qui gardait sept chiens d'amis qui chassaient avec lui est déposée. Le 22 octobre 1964, un arrêté municipal interdit l'exercice de la chasse à tir sur les propriétés mitoyennes du domaine de Moulerens dans un rayon de 150 m les jeudis toute la journée et les dimanches après-midi, des plombs de chasse ayant été reçus par des joueurs à l'occasion de manifestations sportives du patronage des Coqs Rouges. En 1951, 176 permis de chasse sont délivrés et 250 en 1967.

La sortie de messe de mariage de monsieur Cazeaux avant 1914. Dans son ensemble la population de Gradignan est malthusienne. La natalité médiocre ne compense pas une nuptialité et une fécondité insuffisantes. Une tendance nataliste se révèle à partir de 1936. En 1896, les Gradignanais nés à Gradignan composent 50 % de la population totale de la commune ; en 1936, 36 % et en 1968, 15 %.

C'est à Moulerens, en 1925, l'anniversaire des cinquante ans de mariage d'Eugène Buhan et de Madeleine, née Audinet de Pieuchon (assis au centre dans des fauteuils d'osier). Eugène Buhan (1854-1936), riche propriétaire foncier et à la tête de la maison d'exportation Audinet-Buhan, fut maire de Gradignan de 1886 à 1904 et sénateur de la Gironde de 1920 à 1932. Le couple eut quatre garçons et quatre filles.

Le premier hippodrome d'Aquitaine a été installé sur l'initiative du préfet Tournon et aux frais du département, à Gradignan, le 10 juillet 1820, à l'emplacement de l'actuelle zone d'activités de Bersol. La duchesse d'Angoulême en 1820 et la duchesse de Berry en 1828 vinrent présider aux courses. En 1835, le conseil municipal de Bordeaux décide le transfert de l'hippodrome au Bouscat. En 1842, il ne subsiste plus que le chemin de l'Hippodrome.

En 1985, Florence Mothe raconte : *« Gradignan les Calvet nous ouvrent les frondaisons de Tauzia, subtil écrin de tant de fêtes »* ; *« Je n'y ai pas un pied de vigne précise Hubert Calvet qui demeure un homme du vin à part entière. Tauzia est son repos et aussi son refuge, parfois, investi par d'indiscrètes caméras de télévision venues filmer la luxueuse enfilade des salons, les toiles du Teyssandier et le raffinement serein de Marie-Amélie. »*

« *Car Dieu rêva dans sa philosophie/ De réunir les petits et les grands* » (refrain d'une des 69 chansons d'étudiants bordelais, vers 1950).

La plupart des riches propriétaires habitent Bordeaux et ne viennent à Gradignan qu'en fin de semaine. Le croquet est par excellence le jeu familial de la Belle Epoque. En 1889, il est rappelé que « *toute la prospérité de Gradignan repose sur l'agrément du site qui a pour résultat d'attirer pendant la belle saison un grand nombre de Bordelais. Les propriétés qu'ils habitent n'offrent d'autres revenus que l'agrément du séjour* ». En 1954, sont subventionnés le Quiller club de Monjous, les Boules gradignanaises, le ping-pong, les Boules lyonnaises.

GRADIGNAN — Château du Moulin. Le Tennis

En 1937, un propriétaire du lotissement d'Ornon déclare qu'il a construit un petit pied-à-terre, en briques, où il ne vient que les jours de repos. A partir de 1912, l'Association Gradignan en avant proposa parmi de nombreuses autres activités sportives, le tennis. En 1967, monsieur Canivenc est président du Tennis club gradignanais qui compte 220 membres.

Gaston Rodrigues (1859-1889), du château de Laurenzane, est à l'origine de l'élection d'une rosière. Il fait don, le 10 juillet 1881, à la commune, d'une rente annuelle et perpétuelle de 500 francs, qui permet un prix de 350 francs à la jeune fille jugée par le conseil municipal et couronnée le jour de la Sainte-Marguerite ; de 100 francs au serviteur à gages le plus ancien sur la même propriété ; de 50 francs au cultivateur ayant travaillé le plus longtemps sur le même domaine sans être à gages. Trois rosières ont été ainsi récompensées. En 1884, Rodrigues retire son don. Par la suite, sont élues des muses du travail (1925-1929) ou de la musique ; la reine des combattants (1935) ; la reine des vendanges (1947-1952) et la reine de Monjous.

La fanfare Sainte-Marguerite, doyenne des sociétés gradignanaises, fut créée par Gaston Rodrigues le 17 septembre 1877, dans son château de Laurenzane, dans lequel il fit spécialement aménager une salle d'audition réservée à la société. Son nom était un hommage à sa mère Marguerite Halphen. Les 11 et 12 juillet 1880, la fanfare organise avec la fanfare bordelaise un concours musical à Bordeaux. Les musiciens possédaient alors un uniforme.

La photo représente la fanfare Sainte-Marguerite lors des fêtes de son cinquantenaire, le 18 septembre 1927. En 1978, l'allée-promenade qui longe le château de Laurenzane, devenu l'hôtel de ville, est dénommée allée Gaston Rodrigues. Une école municipale de musique est créée en 1973 dans l'ancien cours élémentaire, cours du Général de Gaulle. Elle est transférée en 1985 au château de Mandavit.

En 1880, à l'instigation du préfet, a lieu une célébration de la fête nationale du 14 juillet. En 1892, la municipalité cherche les « *moyens propres à donner plus d'éclat à la fête patronale de la Saint-Pierre et à celle du 14 juillet* ». Dès le début du siècle, se déroule aussi la fête des écoles (notre photo, 1905). Le patronage laïque créé en 1929 et relayant la caisse des écoles (1898) organise désormais les kermesses annuelles.

L'association L'Espérance fut créée en 1914. L'abbé Dubreuil en fut le directeur jusqu'en 1938. Elle organisait des activités sportives : football, gymnastique et athlétisme. La photo montre la participation du patronage au concours de gymnastique d'Arcachon en 1952. Leur entraîneur, René Léger, a laissé un souvenir d'un grand dévouement.

L'Espérance vers 1936, sur la place de l'Eglise : au 1er rang assis : X, X, au 2e rang accroupis : X, Tresbarats, F. Moretto, A. Ballabriga, F. Destibarde, G. Capdeville, F. Tromas, X. Au 3e rang debout : A. Roques (en costume), C. Puyo, H. Dubouil, Hébérard, A. Glanne, R. Cabrier, A. Plat (drapeau), J. Dor, P. Hazera, R. Large, X, J. Cabrier, X, E. Moretto, monsieur de La Chapelle (en costume) et J. Le Lann (en costume).

L'Espérance, le 7 mai 1939. Au 1er rang : F. Moretto, Dodin, Megard, X, H. Robin, Debibié. Au 2e rang : P. Dupuch, A. Miramon, J. Gay, X, J. Moretto, R. Estrebou, R. Large, M. Large, Y. Lafon, X, X, X. Au 3e rang : J. Le Lann, R. Labolle, chanoine Dubreuil, abbé Souhait, Bernon, Vigneras, Debibié. Au 4e rang : X, X, maître Ajot (costume), X, H. Dubouil, Heberar, Dariet, A. Roque, R. Gourier, G. Dupuch, R. Léger, G. Capdeville, E. Moretto, de La Chapelle. Au dernier rang : A. Glanne, J. Destibarde, J. Dor, R. Cabrier, A. Plaa, R. Boulineau, G. Petit, C. Puyo, J. Deysieux, P. Toupiac.

Sur le terrain acheté par l'abbé Dubreuil, la salle polyvalente Jeanne d'Arc est utilisée pour les entraînements de gymnastique et pour la projection de films. Elle devient de 1941 à 1987 le cinéma *Lux*. A son emplacement, se trouve désormais l'ensemble immobilier Villa Saint-Pierre. Le départ pour le défilé de l'Espérance dans le bourg se faisait dans la propriété Bardin, en face du Chalet Lyrique. Les garçons sont alignés derrière les filles (vers 1950).

Dans les années 1950, les jeunes filles du patronage jouent aux cartes. La condition matérielle féminine a évolué en quelques années : en 1933, une célibataire de 70 ans, journalière chez une blanchisseuse, gagne 10 francs par jour, mais ne fait que 3 ou 4 journées par semaine. En 1936, une veuve de 71 ans continue pour vivre de vendre de la menue mercerie en ambulance. En 1938, une veuve de 73 ans, domestique au château de Laurenzane, gagne 100 francs par mois, nourrie, logée et blanchie.

En 1903, fut fondée une société de tir et de gymnastique du nom de Gradignan en avant. A partir de 1912, elle proposa du cyclisme, du football, du tennis et de la boxe. Elle prit alors le nom d'Union sportive gradignanaise (USG), mais dès 1939 ne s'occupa que de football. Voici l'équipe en 1924, debout, de gauche à droite : Darbon, le président Sadran, Perrier, Bassoulet père, A. Ballé, les frères Descorne, les frères Sarraut, Taris, Maïs dit Coco ; au 2e rang : Grou, Cante, Figeac, Jaureyan, Robin, R. Favier. Au 1er rang : Perey, Gaillard, Constantin, R. Favier.

Equipe de football de l'USG vers 1948. Debout, de gauche à droite : Zanetti, Lassalle-Carrere, P. Dulou, J. Moretto, les frères Bernard, Mirko, M. Dumartin, M. Commagere. Au 1er rang : A. Pletan, L. Taris, C. Puyo, C. Lassalle-Carrere, Gottin. Jusqu'en 1946, le terrain d'entraînement consistait en un pré en bordure de l'Eau-Bourde avec comme seul équipement la grange Noire. Après l'acquisition de l'Ermitage, un terrain réglementaire et des vestiaires furent mis à leur disposition.

Une société organisatrice des fêtes s'appela d'abord la Jeunesse gradignanaise. En 1920, elle prit le nom de l'Aurore gradignanaise, dont le président fut Joseph Gourier jusqu'en 1954. En 1928, un comité des fêtes carnavalesques se constitue en vue de distribuer des prix aux sociétés concurrentes participant au défilé des chars. La municipalité accorde une subvention de 500 francs. Le défilé des chars est précédé par la batterie En Avant.

Un arrêté municipal du 11 février 1929 concerne la police de la circulation à l'occasion du défilé des cavalcades des sociétés des fêtes des communes suburbaines. Du chemin de Ripotte au pont de Cayac, les chars seront à une distance de 10 mètres. Ils entreront sur la place publique par la droite, longeront les arbres en bordure du Repos Maternel, tourneront devant l'église et devant le jury. Le public sera sur l'allée du Monument aux Morts.

De 1920 à 1926, c'est la période dite du Roi, car les chars sont encadrés par des mousquetaires. Cette troupe de mousquetaires eut jusqu'à vingt cavaliers propriétaires de leur cheval et de leur costume et dirigés par d'Artagnan, monsieur Fabères, trésorier de la société et maréchal-ferrant au bourg. Un mousquetaire caracolait en tête du défilé et annonçait l'arrivée des chars.

Puis apparaissent, à l'exemple de Nice, les grosses têtes. Ainsi défilent dans le bourg, puis à Bordeaux et à Caudéran, 5 à 7 chars et jusqu'à 50 chevaux, le mercredi des Cendres et le jeudi. Après 1945, les chevaux sont remplacés par des tracteurs. En 1988, c'est le dernier carnaval (Francis Patanchon fut président de 1975 à 1988). En 1990, le matériel servant à fabriquer les grosses têtes et les chars est vendu à une société carnavalesque de Castres.

Chaque quartier avait donc son épicerie, mercerie bazar, ainsi Ornon, Canteloup, La Maugette, Martinon-Mignonne, mais aussi parfois son bar-restaurant comme celui du Moulin de Monjous ou de Beau Soleil. Une publicité a d'ailleurs paru au sujet de ce dernier dans la chronique mondaine du journal *la Vie Bordelaise*, du 18 au 24 août 1907.

En 1941, selon un inventaire, les salles ouvertes au public étaient les suivantes : au bourg le Chalet Lyrique de madame veuve Techeney, 270 m^2, scène avec éclairage ; la salle l'Espérance de l'abbé Dubreuil, 230 m^2, scène démolie, éclairage complet ; Indéguy, débitant à Beausoleil, 80,90 m^2, et enfin Cayac, salle du Sourire, Ballé propriétaire, 250,90 m^2, scène avec éclairage. C'est monsieur et madame Allouet, aubergistes au Moulin de Poumey qui avaient acheté en 1904 une maison près de l'Eau-Bourde, café-restaurant du Sourire. Actuellement c'est la maison de retraite Le Bon Sourire.

En 1939, un habitant du village de Beausoleil vit de pêche, de ramassage d'escargots et de pissenlits qu'il vend. En outre, il chasse les petits oiseaux avec une pente tendue et cachée dans son jardin. Il détient comme appeaux, des chardonnerets, des serins. Il vend à Bordeaux les quelques oiseaux de ces espèces qu'il parvient à capturer vivants. En 1937, une journalière chez monsieur Alloet, restaurateur, gagne 10 francs par jour, mais elle est nourrie.

Le 14 février 1932, la commune adhère au fonds départemental de chômage, en raison « *d'un certain nombre de chômeurs existants dans la commune par suite de la crise économique actuelle* ». En 1936, l'allocation de chômage est de 7 francs par jour. Mais tous les chômeurs ne sont pas secourus : en 1936 10 hommes et 3 femmes ; en 1939 19 hommes et 2 femmes.

En 1831, il y avait 15 débiteurs de boissons dans la commune ; 12 dont 5 ne savaient signer que d'une croix en 1833. En 1846, le maire Joseph Bergmiller se plaint auprès du préfet que « *la proximité de Bordeaux amène les jours de fête un grand nombre d'individus qui souvent y excitent des rixes sérieuses et difficiles à réprimer* ». Les sorties de bar ou de restaurant sont parfois bruyantes et l'occasion de plaintes.

Quelques actes de chapardage de fruits ou de raisins, à l'issue d'une fête champêtre organisée au moulin de Monjous par le Comité girondin de la lutte contre la guerre et le fascisme, le Secours rouge international et l'Association républicaine des anciens combattants, le 26 août 1934, entraînent le rapport suivant : « *Cet établissement (...) est le rendez-vous de la classe ouvrière de Bordeaux et des environs. Sous son couvert, se glissent des individus de mœurs et de moralité douteuses. Cette année, particulièrement, il y a été commis des vols de bicyclettes, d'argent et d'objets divers* ».

Au début du siècle, les familles en promenade, les jeunes gens des environs se retrouvaient à Gradignan pour aller soit pique-niquer dans les prés voisins à Cayac ou Mandavit, soit danser, se baigner au moulin de Monjous. En 1968, Gradignan se caractérise par l'extraordinaire jeunesse de sa population ; plus des deux tiers de la population totale a moins de trente ans.

Ainsi le Gradignan traditionnel s'est adapté en 1970 à la vie moderne. « *Motocyclettes pétaradantes, voitures bariolées pour les plus de 18 ans, chahuts monstres au cinéma* Lux *le samedi soir, parties endiablées de baby-foot et de billards électriques au* Chalet Lyrique *(photo) charpentent la vie des bandes de jeunes* » (A. Cazenave-Piarrot).

Au même titre que Talence et Pessac, Gradignan a accueilli le campus universitaire sur son territoire. Déjà en 1921, le Bordeaux Etudiant Club disposait d'un terrain sur la propriété Lascombes, partie dans Gradignan, partie dans Pessac. Parmi les 60 chansons d'étudiants bordelais, outre la première chanson, celle du BEC, chic aux étudiants (air : « *Les 80 chasseurs de la Marquise* »), on peut évoquer une des dernières, « *Le bal du paradis* » : « *Tous les ans pour le Carnaval/ Jésus par politesse/ A tous les saints offre un bal/ Et ceux-ci d'allégresse/ Sautent du parvis au plafond/ La faridondaine, la faridondon/ Et du plafond jusqu'au parvis biribi/ A la façon de Barbari mon ami, etc...* ».

Yvonne Lantermann

Wellensittiche

Artgerecht halten und pflegen

CADMOS

Inhalt

Impressum

Gestaltung und Satz: Ravenstein, Verden
Lektorat. Dr. G. Lehari
Fotos: Conrad, Lantermann, Pfeffer
Druck: Rasch, Bramsche

Printed in Germany.

ISBN 3-86127-073-0

Von Australien in die ganze Welt

Wellensittiche zählen bei uns zu den häufigsten Heimtieren. Sie gehören in die Verwandtschaft der Papageien und sind bei uns so beliebt, da sie zahm werden und das „Sprechen“ lernen können. Es gibt mittlerweile Millionen von Wellensittichfans auf der ganzen Welt, die diese Vögel einzeln in Zimmerkäfigen, paarweise oder als Kleingruppe in Gartenvolieren, in Zuchtboxen in privaten Zuchtanlagen oder aus kommerziellen Gründen massenhaft in Großzuchtanlagen oder Zuchtfarmen halten. Die Nachfrage scheint nie zu enden. Jahr für Jahr gehen Hunderttausende von Tieren über die Ladentheken der Zoohandlungen oder entstammen den Zuchtanlagen der zahlreichen Wellensittichzüchter. In vielen Farben und Größen werden Wellensittiche heute in unterschiedlichen Preisklassen angeboten.

Es ist nun mehr als 160 Jahre her, dass der englische Ornithologe und Vogelillustrator John Gould um 1840 die ersten Wellensittiche lebend aus Australien mitbrachte und der staunenden Fachwelt vorstellte. Damals waren Wellensittiche selbst in gut bestückten Naturkundemuseen absolute Seltenheiten, wenngleich die Art bereits 1805 erstmals beschrieben und als Zeichnung in einem naturwissenschaftlichen Buch abgebildet wurde. Von nun an dauerte es aber gar nicht mehr lange, bis sich regelmäßige Importe aus Australien einstellten. Die meisten gingen nach England, da Australien damals eine englische Kolonie war. Aber auch in andere europäische Länder kamen bald große Sendungen. Bereits Ende der 1870er Jahre waren erste Massenimporte zu verzeichnen.

Der in Australien beheimatete Wellensittich gehört heute weltweit zu den beliebtesten Heimtieren. (Foto: Conrad)

Die meisten gezüchteten Wellensittiche haben heute eine ganz andere Färbung als die ursprünglichen Wildvögel. (Foto: Pfeffer)

Die ersten Zuchten stellten sich vermutlich bereits um 1846/1847 in England und Frankreich bei privaten Züchtern ein. Die deutsche Zucht glückt 1855 erstmalig bei der Gräfin von Schwerin in Berlin.

Die ersten eingeführten Wellensittiche kamen natürlich sehr teuer in den Handel. Sie kosteten in England um 27 Pfund das Stück. Wenig später sanken aber die Preise angesichts der massenhaft importierten Vögel. In Deutschland wurden sie in Zeiten spärlicher Einfuhr zunächst mit etwa 20 bis 24 Mark pro Paar, in Jahren mit reger Importtätigkeit um 15 Mark das Paar gehandelt. Ab 1879 kosteten Wellensittiche dann nur noch 3,50 bis 5 Mark pro Paar und waren somit fast für jedermann erschwinglich.

1894 erließ Australien ein vollständiges (und heute wieder gültiges) Ausfuhrverbot für sämtliche einheimische Flora und Fauna, somit auch für Wellensittiche. In der Folge entstanden an klimatisch günstig gelegenen Standorten, unter anderem in Südfrankreich, Großzüchtereien, die bis zum Ersten Weltkrieg rund 100.000 Vögel pro Jahr auf den Markt brachten.

Heute hat der Zuchtvogel Wellensittich nur noch wenig mit dem kleinen, grünen Ursprungsvogel aus Australien gemeinsam. Heutige Zuchtwellensittiche sind selten grün (wie der Wildvogel), sondern es gibt sie in Hunderten von Farbmutanten oder Farbkombinationen. Zudem ist der Wellensittich mittlerweile im Durchschnitt deutlich größer als die Ausgangsform. Zuchtziele sind heute in der Regel Farbveränderung, Größenveränderung, Veränderung der Gefiedermerkmale (zum Beispiel größere Kehltupfen) und gegebenenfalls auch Veränderung der Gefiederstruktur wie bei der Zucht von Haubenwellensittichen. Nicht selten zeigen aber gerade die

Diese recht seltene Farbe wird als „Lacewing Gelbgesicht" bezeichnet. (Foto: Pfeffer)

Die wellenartige Zeichnung am Hinterkopf ist typisch für den Wellensittich und kann ein Grund für diese Namensgebung sein. (Foto: Lantermann)

großen, hoch gezüchteten Schauvögel gewisse Degenerationserscheinungen (zum Beispiel verändertes Brutverhalten, Probleme bei der Jungenaufzucht und anderes mehr). Als privater Liebhaber sollte man deshalb weniger Wert auf die prämierten Merkmale legen, sondern sein Hauptaugenmerk auf eine gute Gesundheit des Vogels, sein quirliges Verhalten und eine schöne Gefiederfarbe, die einem wirklich gefällt, legen.

Wie der Wellensittich zum Namen kam

Wellensittiche gehören innerhalb der großen Gruppe der Papageienvögel zu den australischen Plattschweifsittichen (Platycercinae) und hier wiederum zu den Grassittichen im weiteren Sinne. Allerdings unterscheiden sich bestimmte äußere Merkmale des Wellensittichs von den eigentlichen Grassittichen der Gattung Neophema. Zu diesen gehören Glanzsittich, Feinsittich, Schmucksittich, Schönsittich und noch weitere Arten, die seine nächsten Verwandten darstellen. Andere Autoren sehen eine Verwandtschaft des Wellensittichs mit dem australischen Nachtsittich (Pezoporus wallicus), halten aber den Wellensittich für die ursprünglichere Form. Nach Auffassung führender Papageienkundler hat sich der Wellensittich im Laufe seiner Entwicklungsgeschichte schon frühzeitig vom Stamm der Plattschweifsittiche gelöst und sich in Anpassung an seine extremen Lebensbedingungen zu einem hoch spezialisierten Grassamenfresser entwickelt. Zudem ist seine Farbgebung, nämlich seine Wellenzeichnung am Hinterkopf und seine Kehltupfer, einzigartig unter den Papageien. Die Vogelkundler stellen ihn aus diesen Gründen in die monotypische Gattung Melopsittacus. Monotypisch bedeutet, dass er die einzige Art dieser Gattung darstellt. Der volle lateinische Name, der aus dem Jahr 1805 stammt, lautet Melopsittacus undulatus. Das bedeutet sinngemäß etwa: kleiner Papagei mit dem wellenartigen Flug. Andere Übersetzer beziehen undulatus auf die wellenartige Zeichnung am Hinterkopf.

Typisch Wellensittich

Der australische Wellensittich ist etwa 17 bis 18 Zentimeter groß, wiegt 27 bis 29 Gramm und das Grundgefieder ist hellgrün gefärbt. Am Scheitel und am Hinterkopf zeigt er eine schwarze, quergewellte Bänderung, Gesicht und Wangen sind gelb gefärbt, einige Millimeter unter den Augen setzt ein unregelmäßiger kobaltblauer Fleck an. An der Kehle finden sich vier bis sechs schwarze Kehlpunkte. Die Flügel sind oberseits grünlich gelb mit dunklen oder gelben Federsäumen, der Flügel rand ist gelblich, die Flügelunterseiten sind gelblich grün. Die Schwanzfedern sind dunkelblau bis grünlich blau. Die Iris zeigt eine hellgelbe oder weiße Färbung, der Schnabel ist grünlich hornfarben, die Füße sind bläulich gefärbt. Die Färbung der Wachshaut über dem Schnabel kennzeichnet Männchen und Weibchen: Männchen tragen eine blau glänzende Wachshaut, die Wachshautfarbe des Weibchens wechselt von weißlich grau bis tiefbraun. Jungvögel zeigen sich zunächst in allen Farben matter. Die schwarze Wellung am Kopf ist oft nur schwach angedeutet, die Wachshaut ist rötlich lila, das Auge wirkt dunkelgrau bis schwarz. Spätestens im Alter von sechs Monaten sind die Jungvögel ausgefärbt und gleichen dann ihren Eltern weitgehend.

Diese Beschreibung trifft nur auf den wildfarbenen Ursprungswellensittich zu. Kaum einer der heutigen Zuchtvögel gleicht jedoch noch dieser Zeichnung, es sei denn, ein Züchter legt besonderen Wert auf die Bewahrung und Weiterzucht dieser Urform. Schon vor vielen Jahrzehnten hat der Wellensittich den Weg in die Domestikation beschritten und heute ist er in vollem Umfang zum Haustier geworden. Die domestizierten Stämme sind mittlerweile in der Regel in Größe und Farbe verändert und zeigen ein buntes Gemisch von Merkmalen. So erreichen die im Handel und bei Züchtern erhältlichen Wellensittiche inzwischen Größen von mehr als 22 Zentimeter. Sie sind in weit über hundert Farbmutanten und Farbkombinationen erhältlich: von Blau, Grau, Gelb, Gescheckt oder Weiß bis hin zu Albino, Lutino, Halbseitern oder gar lila gefärbten Vögeln reicht das Farbspektrum.

Domestizierte Wellensittiche sind in der Regel größer als die Wildform. (Foto: Pfeffer)

Heute gibt es durch die zahlreichen Zuchtformen die unterschiedlichsten Farben wie hier Blau, Gelb und Grün. (Foto: Pfeffer)

Immer wieder neue Farbspielarten werden von den Züchtern durch gezielte Ansätze gezüchtet und hin und wieder entsteht sogar eine neue Mutante. Allerdings ist die Zeit der aufregend neuen Farbmutationen wahrscheinlich vorbei.

Verbreitung und Lebensraum

Der Wellensittich ist der Charaktervogel im Innern Australiens. Er ist zudem die häufigste australische Sittichart und gleichzeitig einer der häufigsten Vögel des australischen Kontinents überhaupt. Der Weltbestand im Freiland beträgt vermutlich Hunderttausende oder gar Millionen von Vögeln, allerdings ist sein Bestand – wie bei allen Bewohnern extremer Lebensräume im Inneren Australiens – abhängig von der jeweiligen Niederschlagsmenge zeitweise großen Schwankungen unterworfen. Als Bewohner der trockenen Halbwüsten gilt der Wellensittich als extrem anpassungsfähiger Bewohner offener Landschaften, der in der Regel sowohl die Küstengebiete als auch die Waldgebiete im äußersten Nordosten und Südwesten Australiens meidet. Nur in Zeiten großer Dürre tauchen Wellensittiche auch in Gegenden auf, die an sich keine geeigneten Lebensräume für sie bieten.

In Abhängigkeit von den im Innern Australiens nur spärlich auftretenden Regenfällen lebt der Wellensittich nomadisch. Er richtet seinen Standort nach den für ihn jeweils günstigsten Lebensbedingungen aus. Hat er eine Gegend gefunden, in der der Regen gerade eine neue Vegetationsperiode ausgelöst hat und somit in absehbarer Zeit halbreife Samen für die Jungenaufzucht erwarten lässt, beginnt er unverzüglich mit der Brut und Jungenaufzucht.

Der Wellensittich ist in seiner Heimat sehr anpassungsfähig und stellt daher auch bei der Haltung keine übermäßigen Ansprüche. (Foto: Lantermann)

Bei artgerechter Haltung ist das intensive Sozialverhalten der Wellensittiche immer gut zu beobachten. (Foto: Pfeffer)

Somit ist der Wellensittich nicht an eine feste Brutzeit gebunden, sondern seine Fortpflanzungsperiode wird von äußeren Faktoren gesteuert.

Sobald der Regen einsetzt, beginnt er ohne Zeitverlust mit der Balz und Brut. Bereits nach wenigen Tagen werden die ersten Eier gelegt, sodass die nach rund 18 Tagen schlüpfenden Jungen mit einiger Sicherheit erfolgreich aufgezogen werden können.

Eine andere Anpassung an die Trockenheit seines Lebensraumes äußert sich beim Wellensittich in seinem reduzierten Wasserhaushalt. Wenn auch Wellensittiche bevorzugt in der Nähe wasserführender Bäche (notfalls auch an wasserführenden Felslöchern oder Viehtränken) leben und mehrmals täglich zur Tränke fliegen, können sie in Dürrezeiten unter Umständen auch tagelang ohne Wasser auskommen. In der Regel unternehmen sie in solchen Fällen allerdings ausgedehnte Wanderungen zu den letzten offenen Wasserstellen. Dort treffen sie nicht selten mit anderen Wellensittichgruppen zusammen, sodass es unter Umständen zu Massenansammlungen von Wellensittichen kommt.

Normalerweise leben Wellensittiche in Gruppen von zehn bis 20 Vögeln zusammen, die gemeinsam auf Nahrungssuche gehen. Nahrung finden sie ausschließlich auf dem Boden, denn sie besteht bevorzugt aus Grassamen und den Samen verschiedener Kräuter, die sie am liebsten in halbreifem Zustand zu sich nehmen. Außerhalb der Regenzeiten müssen sie sich allerdings mit trockenen Samen begnügen. Zusatzstoffe nehmen Wellensittiche offenbar kaum zu sich, sodass sie mit zu den anspruchslosesten Sittichen Inneraustraliens gehören.

Wellensittiche müssen mindestens paarweise gehalten werden. (Foto: Pfeffer)

Artgerechte Haltung von Wellensittichen

Häufig beginnt die Wellensittichhaltung damit, dass ein Einzelvogel im handelsüblichen Wellensittichkäfig in der Küche oder im Kinderzimmer gehalten wird. An diesem Start in die Vogelhaltung ist allerdings so ziemlich alles falsch. Die folgenden Hinweise zur Anschaffung, Haltung, Ernährung und Zucht wollen deshalb helfen, vor allzu großen Fehlern zu bewahren.

Anschaffung

Zunächst einmal stellt sich die Frage nach der Herkunft der Vögel. Hiermit sei gleich darauf hingewiesen, dass mindestens zwei Vögel angeschafft werden sollten, denn Wellensittiche sind hochsoziale Vögel, die im Freiland stets in Gruppen oder in großen Schwärmen leben. Innerhalb dieser Gruppen bildet ein Paar jeweils eine feste Einheit. Als Einzelvogel wird ein Wellensittich zwar zahmer dem Menschen gegenüber, ohne Artgenosse(n) verkümmert er aber im Hinblick auf sein ausgeprägtes Sozialverhalten.

In Gruppen können Wellensittiche ihr ausgeprägtes Sozialverhalten ausleben. (Foto: Pfeffer)

Im Tierschutzrecht gilt die Einzelhaltung von Wellensittichen (und anderen Papageien) mittlerweile daher mit gutem Grund als Tierquälerei.

Wellensittiche sind sowohl bei Züchtern als auch im Zoohandel das ganze Jahr über erhältlich. Der Kauf bei einem Züchter hat den Vorteil, dass man sieht, aus welchem Umfeld die Vögel kommen, wie alt sie genau sind und welche Nahrungsvorlieben und Besonderheiten sie aufweisen. Zudem sind sie dort meistens preiswerter als im Zoohandel. Aber auch hier gibt es in ordentlichen Fachgeschäften stets gute Vögel zu kaufen, deren Vorgeschichte allerdings nicht immer ganz klar ist, denn die Zoohandlungen züchten ihre Tiere meist nicht selbst, sondern beziehen sie ebenfalls von ortsansässigen Züchtern oder auch von Großbrutbetrieben.

Bei der Auswahl der Vögel zählen nicht so sehr Farbe und Körpergröße der Tiere – das ist Geschmackssache. Wichtig ist, dass die Tiere noch jung, aber futterfest, munter und gesund sind. Gesunde Vögel erkennt man unter anderem daran, dass sie ein einwandfreies glattes Gefieder tragen, voll flugfähig sind, keine kahlen Stellen aufweisen, eine saubere Afterumgebung, eine trockene Nase, klare Augen, einen glatten Schnabel und saubere, unverletzte Füße (mit allen Zehen und Krallen) besitzen. Zudem sollten die zum Kauf vorgesehenen Vögel munter und lebhaft sein und Futter aufnehmen. Wellensittiche sind bei einem Züchter ab etwa zehn Euro pro Vogel zu haben, allerdings sollte bei solch niedrigen Beträgen der letztendliche Kaufpreis nicht so sehr eine Rolle spielen. Lieber gibt man etwas mehr aus, wenn einem ein anderer Vogel besser zusagt.

Männchen oder Weibchen?

Wer die Wahl hat (und die hat man beim Wellensittichkauf fast immer), entscheide sich möglichst für zwei verschiedengeschlechtliche Jungvögel. Männchen und Weibchen kann man als Altvögel gut an der Färbung der Wachshaut über dem

Das äußere Erscheinungsbild und ein munteres Verhalten geben Auskunft über die Gesundheit der Vögel. (Foto: Pfeffer)

Auch bei seltenen Farben wie diesem grauen Schecken sollte man auf die Gesundheit achten. (Foto: Pfeffer)

Beim Männchen ist die Wachshaut über dem Schnabel blau gefärbt, beim Weibchen ist sie grau oder braun. (Foto: Pfeffer)

Wer beobachtet hat, wie viel Sozialverhalten Wellensittiche untereinander zeigen, wird verstehen, dass eine Einzelhaltung nicht artgerecht ist. (Foto: Lantermann)

Schnabel erkennen. Sie ist beim Männchen blau, beim Weibchen grau oder braun. Aber ein erfahrener Züchter oder Zoohändler wird auch bei Jungvögeln, wo die Geschlechtsbestimmung nicht ganz so einfach ist, die richtige Wahl treffen und Männchen und Weibchen unterscheiden können. Auch wenn später keine Zucht vorgesehen ist, vertragen sich zwei verschiedenengeschlechtliche Vögel immer noch am besten. Aber auch zwei Männchen oder zwei Weibchen haben meist keine größeren Probleme miteinander, wenn sie bereits als Jungvögel aneinander gewöhnt werden.

Keine Einzelhaltung

Die Einzelhaltung verbietet sich aus den oben genannten Gründen von selbst. Einzelvögel schließen sich aus Mangel an anderen Sozialkontakten fast immer eng ihrem Pfleger an. Es sind eigentlich bedauernswerte Kreaturen, die nichts mehr vermissen als den Kontakt zu einem Artgenossen. Und dieses Bedürfnis können wir den Vögeln ja leicht erfüllen! Auch ein jung erworbenes Wellensittichpaar wird mit der Zeit zahm und lernt das „Sprechen" oder das Nachahmen von Umgebungsgeräuschen, wenngleich nicht so schnell und so ausschließlich wie ein einzeln gehaltener Vogel. Dafür sind Vögel bei der paarweisen Haltung insgesamt ausgeglichener, oftmals lebhafter und können zudem auch stundenlang allein gelassen werden, denn sie haben ja sich und kommen durchaus auch einmal einige Tage und Wochen (zum Beispiel in der Urlaubszeit) gut ohne ihren Pfleger aus, wenn ihnen regelmäßig von der Urlaubsvertretung Futter und Wasser gereicht wird.

Das ist für einen Einzelvogel undenkbar. Der muss unter Umständen sogar mitgenommen werden in den Urlaub. Da der Pfleger oftmals seine einzige Bezugsperson darstellt, kann er auch nicht so leicht einem Nachbarn zur Pflege übergeben werden und schon gar nicht tagsüber ständig allein gelassen werden. Dann verkümmert er und zeigt mitunter bestimmte Verhaltensstörungen, wie sie für Einzelvögel typisch sind.

Für Leute mit wenig Platz und wenig Ambitionen ist somit die paarweise Wellensittichhaltung im Käfig der gesunde Mittelweg. Sie werden viele nette Erfahrungen mit ihren Tieren machen, zahlreiche Beobachtungen zum Paarverhalten anstellen und vielleicht sogar die Brut und Jungen aufzucht aus nächster Nähe betrachten können. Wer nach solchen ersten Erfahrungen mit seinen Wellensittichen auf den „Geschmack" gekommen ist, wird sich, wenn die Möglichkeit besteht, vermutlich früher oder später für eine Haltung mehrerer Paare oder eine Gruppenhaltung in Zimmervolieren oder Freivolieren im Garten entscheiden.

Die Haltung einer Wellensittichgruppe in einer großzügigen Voliere ist optimal. (Foto: Pfeffer)

Passende Unterkünfte

Käfig

Bei der Auswahl geeigneter Unterkünfte für unsere Wellensittiche sollten wir uns vor allem vom Platzangebot und der Zweckmäßigkeit für die Vögel leiten lassen. Die im Handel erhältlichen so genannten „Wellensittichkäfige" sind mit etwa 40 Zentimeter Seitenlänge viel zu klein und somit absolut ungeeignet für eine artgemäße Wellensittichhaltung. Benötigt wird stattdessen ein Käfig, der mindestens 80 Zentimeter lang, 40 Zentimeter breit und 60 Zentimeter hoch sein sollte – und selbst das ist ein Mindestmaß für die Haltung zweier Vögel! Er wird ausgestattet mit mehreren Sitzstangen (möglichst Naturzweigen), zwei Futternäpfen und einem Wassernapf, etwas Beschäftigungsmaterial (Tannenzapfen, Taue, dünne, grobgliederige Ketten, frische Knabberzweige von Weiden und Obstbäumen, Korkstücke, Papprollen) und einem möglichst außen angehängten Badehäuschen. Wenn die darin gehaltenen Vögel zudem noch regelmäßig Freiflug in der Wohnung erhalten, abwechslungsreich ernährt und gelegentlich mit neuen Gegenständen beschäftigt werden, bleiben sie über Jahre im psychischen Gleichgewicht. Auch erste Liebhaberzuchten sind in einem solchen Käfig möglich, wenn nach Eintritt der Geschlechtsreife ein geeigneter Nistkasten von außen an den Käfig angehängt wird (damit der ohnehin beschränkte Platz nicht noch mehr eingeschränkt wird).

Ein Käfig sollte auf alle Fälle ausreichend Platz für zwei Wellensittiche sowie eine geeignete Ausstattung bieten. (Foto: Pfeffer)

Zimmervoliere

Wesentlich geeigneter für die Haltung eines Paares oder einer kleinen Gruppe von Wellensittichen sind die so genannten Zimmervolieren. Zimmervolieren sind im Zoohandel vielfach erhältlich, man achte nur auf den Gitterabstand. Er sollte nicht mehr als zwölf Millimeter betragen. Käfige mit größeren Gitterabständen sind in der Regel für Großsittiche und Papageien vorgesehen. Gerade in den letzten Jahren sind diverse formschöne und farbig ansprechende Modelle auf den Markt gekommen, die recht geeignete Unterkünfte für Wellensittiche abgeben. Es sollte allerdings darauf geachtet werden, dass die Käfige rechteckig sind (bitte unter keinen Umständen einen runden Käfig kaufen!) und keine kunststoffummantelten Gitterstäbe oder Einrichtungsgegenstände (Sitzstangen, Plastikpüppchen und Ähnliches) enthalten, weil diese

Bei Zimmervolieren ist darauf zu achten, dass sie rechteckig sind und der Gitterabstand nicht zu groß ist. (Foto: Pfeffer)

In solch einer großen Freivoliere kann ein ganzer Schwarm Wellensittiche untergebracht werden. (Foto: Pfeffer)

auf Dauer von den Vögel abgeknabbert werden. Das sieht mit der Zeit unschön aus und kann den Vögeln sogar beim Verschlucken der Plastikteilchen schwere Schäden zufügen. Deshalb muss immer genau geprüft werden, was für die Tierhaltung geeignet ist und was nicht.

Freivoliere

Während der Platz in einer Zimmervoliere naturgemäß recht begrenzt ist und meist kaum mehr als die Haltung von vier Wellensittichen gestattet, bietet die Freivoliere im Garten schon mehr Möglichkeiten. Hier lässt sich die Idee der Schwarmhaltung gut verwirklichen. In einer solchen Voliere herrscht stets viel Leben, es gibt immer eine Menge zu beobachten – aber es geht auch recht lautstark zu in einer solchen Vogelgemeinschaft. Wellensittiche können in der Gruppe durch ihr dauerndes Geschwätz und Gesinge einen beachtlichen Lautstärkepegel erzeugen, der in den Ohren mancher Zeitgenossen – und Nachbarn – nicht immer wie Gesang klingt und bereits Anlass für zahlreiche Gerichtsverfahren war. Im gegebenen Fall sollte daher bereits vor der Anschaffung von Sittichen mit Nachbarn und Mitbewohnern gesprochen werden, damit nicht hinterher der nachbarliche Frieden gestört wird oder die Tiere gar abgeschafft werden müssen.

Über den Bau von Freivolieren für Sittiche und Papageien gibt es eine umfangreiche Fachliteratur. Hier soll der Hinweis genügen, dass es Volierengitter von professionellen Herstellern gibt, mit denen man unterschiedliche Volierengrößen errichten kann. Sie sind nicht ganz billig, aber dauerhaft haltbar und formschön. Im Internet oder in Fachzeitschriften finden sich zahlreiche Angebote von Herstellern. Wichtig ist vor allem die Maschenweite des Drahtes. Hier sollte man sich für das stärkste verzinkte Viereckgeflecht mit der Abmessung 16 mal 16 Millimeter, 17,5 mal 17,5 Millimeter, 12,5 mal 25 Millimeter oder 20 mal 20 Millimeter entscheiden. Bitte nicht die früher üblichen ganz feinen, dünnen Gitter mit Zinkbelag verwenden, da diese bei den Vögeln erhebliche Schäden hervorrufen können. Zwar teurer, aber besonders geeignet ist auch Edelstahl. Wichtig ist, dass die Volierenrahmen eng miteinander verschraubt werden, dicht an der Wand des Schutzhauses angebracht werden und zudem das Gitter so feinmaschig ist, dass keine Schadnager in die Voliere eindringen können.

In einer Freivoliere fühlen sich die Vögel wohl und können wie dieser in aller Ruhe der Körperpflege nachgehen. (Foto: Pfeffer)

Einrichtungsgegenstände und Sitzstangen sollten nicht mit Kunststoff ummantelt sein, sondern nur aus unbehandeltem Holz bestehen. (Foto: Pfeffer)

Handwerklich versierte Vogelhalter können natürlich auch eine Voliere aus einem Holzrahmengestell herstellen. Die Rahmenhölzer sollten – je nach Volierengröße – Abmessungen von 8 mal 8 oder 10 mal 10 Zentimeter haben. Alles andere (zum Beispiel die Verwendung von Dachlatten) ist zu instabil und wirkt optisch auch immer unproportional oder wie ein Provisorium. Mit Hilfe solcher Hölzer, die vorher gehobelt werden können, lässt sich zunächst ein Rahmengestell in der vorgesehenen Volierengröße anfertigen, das nach dem Aufbau mit einer ungiftigen Holzschutzlasur getränkt und dann von innen mit dem vorgesehenen Draht (Viereckgeflecht) vergittert werden kann. Dazu verwendet man entweder Schrauben mit Unterlegscheiben, mit deren Hilfe das Drahtgeflecht befestigt wird, oder aber Krampen, die einfach in das Holz geschlagen werden.

Sie sollten aber durchaus stabil sein, damit die Tiere sie nicht herausziehen können. Natürlich kann man auch Holzrahmen zunächst vorfertigen, anstreichen und mit Drahtgeflecht versehen, bevor sie an Ort und Stelle montiert und zusammengeschraubt werden.

Volierengröße

Die Volierengröße richtet sich in der Regel nach dem Standort, dem Vogelbesatz und der Breite der im Handel erhältlichen Drahtrollen. Standardvolierenrahmen sind meistens 100 mal 200 Zentimeter groß (die Drahtrollenbreite beträgt in der Regel 100 Zentimeter, es gibt aber auch Abmessung von 60 Zentimeter oder 150 Zentimeter Breite).

Für ein bis zwei Wellensittichpaare genügt eine kleine Außenvoliere von zwei Meter Länge, zwei Meter Höhe und einem Meter Breite. Dazu benötigt man, wenn sich die Voliere an ein Schutzhaus anlehnt, für die Seiten jeweils zwei Volierenrahmen von ein mal zwei Meter, ein Dachteil von 1 mal 2 Meter und ein Vorderteil von ein mal zwei Meter, das sowohl eine kleine Tür als auch einen Futterplatz enthalten sollte. Reihen sich mehrere solcher Volieren aneinander, spart man an Material die doppelten Zwischenwände. Allerdings empfiehlt sich dennoch eine doppelte Drahtbespannung im Abstand weniger Zentimeter, damit die Vögel aus benachbarten Volieren sich nicht gegenseitig in die Füße beißen können. Eine recht brauchbare Voliere für einen kleinen Wellensittichschwarm wäre drei Meter breit, zwei Meter lang und Zwei Meter hoch. Volieren mit mehr als 2,5 Meter Höhe sind eher ungeeignet, weil man die Vögel darin nicht so leicht einfangen kann, wenn es mal nötig sein sollte.

Wie groß eine Voliere sein muss, hängt von der Zahl der gehaltenen Wellensittiche ab. (Foto: Pfeffer)

Schutzhaus

An die Freivoliere sollte sich stets ein kleines Schutzhaus anschließen. Es muss nicht unbedingt vollkommen neu gebaut werden, es kann auch in einem vorhandenen Schuppen eingerichtet oder an einen teilweise ebenerdigen Kellerraum oder an das Wohnhaus angebaut werden. Als Größe für eine kleine Gruppe genügt eine Grundfläche von ein mal ein Meter, für eine größere Gruppe empfiehlt sich die zwei- oder drei-fache Fläche. Das Schutzhaus ist idealerweise aus Stein gemauert und hat eine fest verschließbare Stahltür.

Wellensittiche können das ganze Jahr in einer Außenvoliere gehalten werden, brauchen aber immer als Schutz vor der Kälte Zugang zu einem Innenraum. (Foto: Lantermann)

Auf diese Weise werden Schadnager auf alle Fälle fern gehalten. Beheizt werden muss ein solcher Schutzraum für die Wellensittichhaltung nicht, nur zugfrei muss er sein. Dazu ist die Lage der Einflugklappe von Bedeutung. Am besten liegt diese Klappe wie eine Art Hühnerklappe im unteren Bereich des Schutzhauses. Dann herrscht im oberen Bereich des Raumes, dort, wo die Sitzäste angebracht sind, auf jeden Fall keine Zugluft. Die Wellensittiche lernen es schnell, durch solche Bodenklappen in den Innenraum zu gehen. Üblicherweise werden Durchflugklappen aber in etwa 160 bis 180 Zentimeter Höhe angebracht. In diesem Fall sollte oberhalb der Klappen noch Platz für Sitzäste sein.

Wellensittiche können das ganze Jahr über in einer kombinierten Innen-Außenvoliere gehalten werden, müssen allerdings bei Bedarf stets Zugang zum Innenraum haben. Das Futter wird am günstigsten im Innenraum gereicht. Dort steht auch die Trinkschale, die bei Frostwetter am besten durch eine Heizplatte leicht erwärmt wird. Eine Beleuchtung vervollständigt die Einrichtung, aber Vorsicht bei der Verwendung von Stromkabeln: Wellensittiche können Gummikabel auf jeden Fall und die handelsüblichen plastikummantelten Stromkabel bedingt zerbeißen und auf diese Weise die Stromversorgung lahm legen und sich selbst einen tödlichen Stromstoß holen. Alle Lampen, Kabel, Zuleitungen oder eventuelle Frostwächter müssen somit unter Putz verlegt oder durch Drahtkörbe oder Kabelkanäle sorgfältig abgeschirmt werden.

Feinkörnige Samen von verschiedenen Pflanzenarten werden von den Wellensittichen immer gerne genommen. (Foto: Pfeffer)

Fütterung

Die Verpflegung von Wellensittichen ist heute relativ problemlos. Alle Zoohandlungen, Landhandel, Raiffeisenmärkte und so weiter bieten heute ein Standard-Wellensittichfutter an, das zudem preisgünstig ist. Es besteht im Wesentlichen aus verschiedenen Hirsesorten, Glanz und Haferkernen. Entscheidend ist allerdings eine gleichbleibende Qualität der Samen. Gute Samen zeichnen sich durch eine glänzende, staubfreie Oberfläche und eine gute Keimfähigkeit aus. Letzteres lässt sich leicht überprüfen, indem man eine Hand voll Samen in einem Blumentopfuntersetzer auf Komposterde aussät, einige Tage feucht hält und dann das Ergebnis abwartet. Wenn nach drei bis vier Tagen keine oder nur ganz wenige Keimlinge hervorkommen, ist die Saat überlagert und hat somit für die Wellensittiche auch kaum noch einen Nährwert. Solche Futtermischungen sollten Sie ebenso umgehend vernichten wie muffig riechende oder schimmelige Samenmischungen.

Außer diesem Dauerangebot an trockenen Körnern kann man seinen Tieren zwei- bis dreimal wöchentlich Kolbenhirse reichen, die die meisten Vögel gern zu sich nehmen. Kolbenhirse hat zudem einen gewissen Beschäftigungswert, da die Tiere ihre Nahrung zunächst aktiv abernten müssen.

Als Zusatzfutter erhalten die Vögel regelmäßig gekeimte Saat, Obst, Grünfutter und Mineralstoffe.

Kolbenhirse wird immer gerne gefressen und trägt außerdem zur Beschäftigung bei. (Foto: Pfeffer)

Keimfutter lässt sich leicht herstellen, indem eine kleine Portion trockenes Körnerfutter zunächst (etwa zwölf Stunden) gewässert, dann gut durchgespült und auf einem engmaschigen Sieb ausgebreitet wird, bis es keimt. Vor der Fütterung wird die Saat nochmals gut abgespült und abgetropft. Sät man die Samen, wie zuvor beschrieben, in kleinen Erdschälchen aus und lässt die Keimlinge etwas größer werden, hat man gleich ein ideales Grünfutter. Man stellt die ganze Schale in den Käfig, lässt die Vögel das Grünfutter abweiden und sät dann neue Körner nach. Ersatzweise kann man auch Grünfutter im Garten sammeln. Besonders begehrt ist die so genannte Vogelmiere, aber auch Löwenzahn, Salat, Spinat und anderes wird von vielen Vögeln gern genommen. Vor der Verfütterung muss alles Grünfutter gut gewaschen werden und sollte vorher ein wenig abtropfen. Grünfutter muss stets frisch verabreicht werden. Sobald es anfängt zu welken, nimmt man es aus dem Käfig.

Eine weitere Ergänzung des Speisezettels für Wellensittiche stellt Obst dar. Apfel, Birne und Möhre sind geeignete und stets verfügbare Futtermittel. Sie werden in kleine Stücke geschnitten und in einem separaten Futternapf gereicht. Vögeln, die zunächst nicht gern an Obst gehen, kann man die Futterstücke auf einen abgestumpften Nagel spießen, den man durch eine Sitzstange schlägt. Auf diese Weise haben die Tiere das Futter direkt vor dem Schnabel und werden es früher oder später auch zu sich nehmen.

Frisches Grünfutter weiden Wellensittiche gerne ab. (Foto: Pfeffer)

An Ergänzungsstoffen erhalten die Vögel einen Kalkstein, der in den Käfig gehängt wird, oder einmal wöchentlich wird Futterkalk über das Obst gestreut. Zusätzlich kann man feinkörnigen Vogelgrit in einem Schälchen reichen, den die Vögel aufnehmen, um ihre Verdauungstätigkeit mit Magensteinchen zu unterstützen. Während der Brutzeit erhalten die Tiere ein Aufzuchtfutter oder Eifutter, das als fertige Mischung im Handel angeboten wird. Es ist darauf zu achten, dass nur kleine Portionen verabreicht werden, die die Vögel schnell auffressen. Andernfalls besteht, wie auch bei Obst und anderem Weichfutter, die Gefahr der Schimmelbildung.

Passend geschnittene Obststücke wie hier vom Apfel werden von den meisten Wellensittichen gerne angeknabbert. (Foto: Pfeffer)

Futterbedarf

Vom Standard-Körnerfutter erhalten die Vögel täglich etwa einen Esslöffel pro Vogel als Grundnahrung.
Die Futterzusätze in Form von Grünfutter und Obst bekommen die Tiere in einem separaten Futternapf und möglichst in mehreren kleinen Portionen über den Tag verteilt angeboten, damit sie auch mehr damit beschäftigt sind.
Mineralstoffe und Grit stehen ständig zur Verfügung.
Eifutter bekommen die Vögel nur während der Brutzeit und der Zeit der Jungenaufzucht.
Täglich frisches Wasser in einem Trinkröhrchen oder einem Wassernapf und in der Badeschale sollte eine Selbstverständlichkeit sein.
Bei Bedarf, zum Beispiel während der Jungenaufzucht und im Winter, können dem Trinkwasser in Abständen einige Tropfen eines Multivitaminpräparates zugesetzt werden (Herstellerangaben beachten!).
Wasser- und Futternäpfe sollten in kurzen Abständen sorgfältig gesäubert und heiß gespült werden. Am besten hält man einen zweiten Satz an Gefäßen zum Wechseln bereit.

Auch die reifen Früchte vom Feuerdorn werden gerne von Wellensittichen gefressen. (Foto: Pfeffer)

Beim Freiflug in der Wohnung sollten an sicheren Stellen auch bequeme Sitzgelegenheiten für die Vögel angebracht werden. (Foto: Pfeffer)

Beschäftigung und Freiflug

Die Beschäftigungsförderung bei Heim- und Zootieren spielt in letzter Zeit eine immer größere Rolle. Man hat mittlerweile erkannt, dass ein abwechslungsreiches Beschäftigungsprogramm der Langeweile von gehaltenen Tieren entgegenwirkt und sie auf diese Weise im psychischen Gleichgewicht bleiben. Am stärksten unter der Langeweile leiden die „Hochintelligenzler" im Tierreich, das sind unter den Säugetieren die Delfine und Primaten, unter den Vögeln die Papageien, zu denen ja auch der Wellensittich gehört.

Der Handel bietet mittlerweile umfangreiche Kollektionen an Papageienspielzeug an. Es fängt an mit Holzspielzeugen, die auf einen Draht oder Strick gezogen sind, und endet mit bestimmten Futterleckereien, die sich die Tiere zunächst suchen oder in anderer Weise erarbeiten müssen. Dazu gehört zunächst das Verteilen der täglichen Futterration auf mehrere kleine Mahlzeiten, das Verstecken von Leckerbissen unter kleinen Steinen, das Ausstreuen von Körnerfutter auf dem gereinigten Volierenboden. Auf diese Weise sind die Vögel zuerst einmal längere Zeit damit beschäftigt, das täglich benötigte Futter aktiv zu suchen. Zum anderen bieten sich Gegenstände ohne Futterwert an wie zum Beispiel Papprollen, frische Zweige, Tannen- oder Kiefernzapfen zum Beknabbern. Ungeeignet ist dagegen der unausrottbare kleine Spiegel, der vor allem in den Komplettpaketen für die Wellensittichhaltung immer noch enthalten ist. Der Vogel sieht in dem Spiegel sein Ebenbild, hält es für einen Artgenossen und füttert oftmals das Spiegelbild, sodass der gesamte Spiegel mitunter von lauter hochgewürgtem Futter verklebt.

Zum Beschäftigungsprogramm gehört auch der Freiflug in der Wohnung, allerdings bei geschlossenem Fenster und unter Aufsicht, weil Wellensittiche alles anknabbern, was nicht niet- und nagelfest ist. Dazu gehören leider auch Möbelkanten, Zimmerpflanzen und Stromkabel. Während angeknabberte Möbel allenfalls Ärger bei den der Mitbewohnern hervorrufen, können giftige Zimmerpflanzen und Stromkabel lebensgefährlich für die Vögel sein. Nicht zuletzt spielt auch die Beziehung zum Pfleger oder zu anderen Heimtieren für die Wellensittiche unter Umständen eine wichtige Rolle. Auch paarweise gehaltene Vögel entwickeln natürlich eine gewisse Beziehung zu ihrem Pfleger oder den anderen Mitbewohnern.

Kinder und Jugendlichen im passenden Alter können sich intensiv mit den Wellensittichen beschäftigen und lernen so Verantwortung für die Tiere. (Foto: Pfeffer)

Viele werden recht zahm und verbringen manche Stunde auf der Schulter oder auf der Hand ihres Pflegers.

Kinder ab etwa zehn Jahren können bereits sehr gut mit der Pflege von Wellensittichen vertraut gemacht werden und auf diese Weise – mit Unterstützung der Eltern – das notwendige Verantwortungsbewusstsein gegenüber ihren Heimtieren erlernen.

Die Beziehung zu anderen Haustieren verdient dagegen eine besondere Aufmerksamkeit. Hunde und Katzen gehören normalerweise nicht zu den engsten Vertrauten eines frei fliegenden Wellensittichs, allerdings gibt es auch hier bemerkenswerte Ausnahmen. Fotos von Wellensittichen, die auf Schäferhunden oder Katzen „reiten", sollten nicht darüber hinwegtäuschen, dass solche Beziehungen eher zu den Ausnahmen gehören und in einem unbewachten Moment den Vögeln schnell zum Verhängnis werden können. Die Beziehungen zu kleineren Haustieren wie Hasen, Hamstern, Meerschweinchen oder zu anderen Vögeln gestalten sich in der Regel weniger problematisch. Sie sollten vom Pfleger jedoch stets kritisch begleitet und überwacht werden.

Bei artgerechter Haltung nutzen sich sowohl Schnabel als auch Krallen gesunder Tiere auf natürliche Weise ab. (Foto: Pfeffer)

Pflege und Gesundheit

Die Pflege unserer Wellensittiche besteht zum einen in der Pflege der Vögel selbst, zum anderen in der Pflege der Käfige und Volieren. Die wichtigste Maßnahme der Vogelpflege liegt zunächst in der sorgfältigen Beobachtung der Vögel (möglichst mit Tagebuch über Besonderheiten, Mauserverlauf, Krankheitssymptome, tierärztliche Behandlung, Eiablagen, Bruten, Jungenaufzuchten und anderes mehr), der regelmäßigen Verabreichung von Futter und allen Zusatzstoffen (siehe Kapitel Fütterung), dem bieten einer Badeschale oder eines Badehäuschens, dem gelegentlichen Besprühen mit Wasser und der regelmäßigen Kontrolle des Schnabel- und Zehenwachstums.

Ein artgemäß gehaltener Wellensittich, dem raue Sitzäste (Naturzweige) und viel Knabbermaterial angeboten wird, entwickelt in der Regel kein übermäßiges Krallen- oder Schnabelwachstum, sondern nutzt beides von selber ab. Sollte dennoch der gelegentliche Gang zum Krallen- oder Schnabelschneiden beim Tierarzt oder Zoohändler notwendig sein, empfiehlt es sich, zunächst die Haltungsbedingungen zu überprüfen. Wellensittiche mit Zehenmissbildungen oder einer Stellungsanomalie müssen allerdings regelmäßig zur Kontrolle vorgestellt werden, weil sich die Krallen durch eine abnorme Zehenstellung nicht von selber abreiben können.

Käfige werden etwa wöchentlich grob gereinigt und mit neuer Einstreu (Vogelsand) bestückt und etwa zweimal im Monat gründlich gesäubert. Dazu wird die Schmutzfangschale unter heißem Wasser gereinigt, das Käfigoberteil abgebürstet und das Futtergeschirr gespült. Für Zimmervolieren gilt das Gleiche. Freivolieren müssen regelmäßig auf äußere Beschädigungen (angefaulte Holzbalken, Drahtfehler, Roststellen und so weiter) überprüft und gereinigt werden. Mindestens jährlich werden sie komplett mit dem Hochdruckreiniger gesäubert. Ein- bis zweimal im Monat wird der Bodenbelag ausgeharkt und zweimal jährlich komplett erneuert. Alle zwei Jahre können Holzrahmenvolieren zusätzlich einen neuen Schutzanstrich gebrauchen. Innenräume werden ebenfalls einmal im Jahr mit dem Hochdruckreiniger gesäubert und anschließend neu gestrichen mit ungiftiger Wandfarbe oder Kalkfarbe für Tierbehausungen. Am besten geeignet sind gekachelte Innenräume. Sie lassen sich besonders gut reinigen, allerdings dürfen es in diesem Fall ruhig farbige oder zumindest leicht getönte Fliesen sein, weil die sehr preiswerten weißen Hochglanzfliesen oftmals sehr kalt wirken.

Die Vögel sollten immer frische Zweige zum Benagen und geeignete Sitzäste zur Verfügung haben. (Foto: Pfeffer)

Die Innenausstattung von Käfig, Voliere oder Innenraum wird mehrmals im Jahr gründlich gereinigt, die Sitzäste werden etwa einmal im Jahr vollkommen erneuert. Frische Zweige zum Benagen (am besten Obstbaum- oder Weidenzweige) bekommen die Tiere möglichst regelmäßig jede Woche. Die abgenagten Reste werden dann jeweils entfernt.

Erkennen von Erkrankungen

Wellensittiche gehören im Allgemeinen zu den robusten Heimtieren, die nur selten erkranken. Ausreichende Hygiene, viel Platz, Fluggelegenheit, Licht, Luft, Sonne, eine ausgewogene Ernährung und eine mindestens paarweise Haltung tragen in der Regel dazu bei, dass dies auch so bleibt. Dennoch kann natürlich gelegentlich auch ein Tier erkranken. Es zeigt sein Unwohlbefinden durch verminderte Aktivität, häufiges Schlafen mit zurückgedrehtem Kopf (auch während des Tages), Niesen, schweres Atmen, Durchfall, trübe Augen oder andere Symptome an. Man tut als Pfleger gut daran, sein Tier unverzüglich in eine Transportkiste zu packen, eine Kotprobe aus dem Käfig zu entnehmen und sich auf den Weg zu einem Tierarzt zu machen, der sich mit den Erkrankungen von Sittichen und Papageien auskennt. Oftmals ist ein Tier bei schnellem Eingreifen zu retten, andererseits kommen Todesfälle auch nicht allzu selten vor. In diesem Fall sollte – wenn Unklarheit über die Todesursache herrscht – das Tier einem veterinärmedizinischen Institut zur Obduktion übergeben werden. Der Tierarzt kennt in der Regel entsprechende Adressen.

Da paarweise gehaltene Wellensittiche oft problemlos brüten und Junge aufziehen wollen, ist die Zucht für viele Halter kein Problem. (Foto: Pfeffer)

Wellensittichzucht

Früher oder später wird bei beinahe jedem Wellensittichfreund der Wunsch entstehen, wenigstens einmal Nachzuchten von seinen Vögeln zu erzielen. Die Wellensittichzucht ist heute keine Kunst mehr, aber es bedarf dennoch bestimmter Voraussetzungen für eine erfolgreiche Brut und Aufzucht der Jungen.

Gesetzliche Bestimmungen

Zunächst sind die gesetzlichen Bestimmungen zu beachten. Wellensittiche gehören zu den wenigen Papageienarten, die keinem Artenschutzgesetz unterliegen. Sie müssen nicht angemeldet werden, brauchen keine Artenschutzpapiere und unterliegen keinerlei Handelsbeschränkungen im Hinblick auf das Artenschutzrecht.

Wohl aber unterliegen sie den gesetzlichen Bestimmungen des Seuchenrechts. Da die Psittakose (Papageienkrankheit) offenbar immer noch nicht ausgerottet ist, unterliegen Wellensittichzuchten (und alle anderen Papageienzuchten) der Kontrolle durch die jeweils zuständige Veterinärbehörde. Eine Sittichzucht-Genehmigung ist deshalb vorab bei der zuständigen Stelle (Veterinäramt, Ordnungsamt, Grünflächenamt) zu beantragen. Man entsendet dann in der Regel von dort einen versierten Behördenvertreter (meist den Amtstierarzt) zur Überprüfung von Anlage und Fachwissen des Antragstellers. Ihm wird bei Erteilen der Genehmigung auferlegt, alle Nachzuchten amtlich zu beringen und über alle Vorgänge in seiner Anlage (Neukäufe, Nachzuchten, Angaben, Ringnummern, Todesfälle) genau Buch zu führen.

Nur artgerecht gehaltene Wellensittiche sollten für die Zucht verwendet werden. (Foto: Pfeffer)

Dieses Buch ist der Behörde bei Verlangen vorzulegen. Amtliche Vogelringe sind gegen Vorlage der Zuchtgenehmigung unter anderem erhältlich beim Zentralverband Zoologischer Fachgeschäfte Deutschland e. V. (Ringstelle, Postfach 1420, 63204 Langen), ein amtliches Nachweisbuch vertreibt der Landbuch-Verlag (Kabelkamp 6, 30179 Hannover).

Nicht zuletzt sind bei der Wellensittichhaltung auch die Bestimmungen des Tierschutzrechtes zu beachten, die der zuständige Amtstierarzt in der Regel gleich mit überprüft. Auf diese Weise soll vermieden werden, dass nicht artgemäße, verdreckte und ungeeignete Hinterhofhaltungen entstehen. Grundlage für die artgemäße Sittich- und Papageienhaltung bietet unter anderem das 1995 erstellte Gutachten über die Mindestanforderungen an die Haltung von Papageien (anzufordern beim Bundesministerium für Ernährung, Landwirtschaft und Forsten in Berlin).

Zuchtvoraussetzungen

Für die Wellensittichzucht ist zunächst ein Mindestangebot an Platz notwendig. Zwar vermehren sich Wellensittiche meist auch in ihren gewöhnlichen Drahtkäfigen, die Züchter arbeiten allerdings oft mit Zuchtboxen. Dies sind dreiseitig geschlossene, vorne vergitterte Käfige, die ein Mindestmaß von 100 mal 50 mal 50 Zentimeter haben sollten. Sie bieten den Vögeln mehr Ruhe und gestatten in der Regel eine problemlosere Reinigung und schnelle Bestückung mit Wasser- und Futterschalen. Oftmals bieten Händler solche Anlagen mit sechs bis acht Zuchtboxen an. In solchen Boxen werden die Wellensittiche paarweise gehalten mit dem Vorteil, dass man genau die vorgesehene Verpaarung bestimmen kann.

An diese Boxen wird – um den Platz nicht unnötig zu verringern – von außen ein Nistkasten angehängt, der somit auch problemlos zu kontrollieren ist, ohne ständig im Inneren der Box hantieren zu müssen. Nistkästen für Wellensittiche sind überall im Handel erhältlich. Man kann sie aus Holzbrettern und dicken Sperrholzplatten auch leicht selbst bauen. Sie sollten Durchschnittsmaße von etwa 15 mal 15 mal 25 Zentimeter (Hochformat) oder 15 mal 25 mal 15 Zentimeter (Querformat) haben sowie ein Schlupfloch von etwa fünf Zentimeter Durchmesser und eine Anflugstange aufweisen. Da Wellensittiche kein Nistmaterial verwenden, empfiehlt sich eine flach ausgefräste Bodenmulde im Bodenbrett, damit die Eier nicht auseinander rollen.

Wellensittiche kann man aber auch im Schwarm halten und züchten. Dazu bedarf es zum einen einer größeren Voliere, zum anderen auch genügend Nistkästen (mindestens ein Nistkasten pro vorhandenem Paar), damit keine Rangelei unter den Tieren entsteht. Die Nistkästen werden möglichst hoch in der Voliere und ein wenig voneinander entfernt aufgehängt, damit sich die Brutpaare gegenseitig nicht zu sehr stören. Bei dieser Haltungsform verpaaren sich die Tiere selbst und eine genaue Paarzusammenstellung, um beispielsweise bestimmte Farben herauszuzüchten, ist nicht möglich.

Eine letzte Voraussetzung für eine erfolgreiche Wellensittichzucht ist das Anbieten von Aufzuchtfutter während der Brutzeit wie es schon im Kapitel Fütterung erwähnt wurde.

Die Begattung des Weibchens erfolgt nach einer kurzen Balzphase. (Foto: Conrad)

Paarzusammenstellung und Brutverlauf

Wie zuvor bereits angedeutet, verpaaren sich Wellensittiche innerhalb einer Volierengruppe bei Eintritt der Geschlechtsreife und bei einem ausgewogenen Geschlechterverhältnis in der Regel von selbst und zwar nach Sympathie. Aber auch vom Züchter füreinander bestimmte Tiere wie für die Farbenzucht werden normalerweise früher oder später zur Brut schreiten. Allerdings spielen Sympathien der Tiere immer eine gewisse Rolle und auch die Anwesenheit anderer Paare wirkt stimulierend auf den Brutbeginn. In temperierten Räumen schreiten Wellensittiche das ganze Jahr über zur Brut, in Freivolieren mit Schutzhaus beginnen sie mit ihren Brutaktivitäten im Frühjahr.

Nach einer kurzen Balzphase, in der auch die Nisthöhle inspiziert wird, folgt die Begattung. Danach legt das Weibchen in jeweils rund zweitägigem Abstand seine fünf bis sieben, in Ausnahmefällen bis zu neun Eier ab. Sie sind etwa 19 mal 14 Millimeter groß und reinweiß. Die Brutzeit liegt bei etwa 18 Tagen, danach schlüpfen die hummelgroßen Jungen im Abstand der Eiablage. Die Jungen sind bei der Geburt nackt und haben noch geschlossene Augen.

Zunächst versorgt das Weibchen die Jungen mit Futterschleim aus dem Kropf, später beteiligt sich auch das Männchen an der Fütterung. Nach etwa 30 bis 35 Tagen Nestlingszeit verlassen die Jungen bereits den Nistkasten. Sie sind zu Anfang noch etwas unbeholfen und sitzen in den ersten

Diese Jungtiere sind 20 bis 25 Tage alt und halten sich noch im Nistkasten auf. (Foto: Pfeffer)

Tagen häufig auf dem Boden. Wenig später sind sie aber bereits vollständig flugfähig und nehmen erste Nahrung selbstständig auf.

Bereits kurze Zeit später, etwa im Alter von zehn Wochen, sollte der Nachwuchs bei beengter Haltung oder Boxenhaltung von den Eltern getrennt werden, da diese dann wieder brutlustig werden und die Jungen verjagen und schlimmstenfalls auch verletzen. Bei der Schwarmhaltung in größeren Volieren können die Jungen dagegen in der Gemeinschaft belassen werden und haben damit die Möglichkeit, sich vollständig innerhalb der Gruppe zu sozialisieren.

Beim Umsetzen der Jungvögel bietet sich auch eine gute Gelegenheit, die Jungen mit offenen Ringen zu kennzeichnen und anschließend Ringnummer und Beringungsdatum in das amtliche Nachweisbuch einzutragen. Züchter, die eine geschlossene Beringung bevorzugen, müssen sorgfältig das Wachstum der Jungen kontrollieren, damit sie nicht den rechten Zeitpunkt, wann der Ring noch über den Fuß passt, versäumen. Er liegt zwischen dem fünften und achten Lebenstag.

Bereits nach sechs bis acht Monaten sind die Jungvögel wiederum geschlechtsreif. Als verantwortungsvoller Züchter tut man jedoch gut daran, die Tiere innerhalb einer Junggesellengruppe zur vollen Reife heranwachsen zu lassen und erst im Alter von einem Jahr mit ihnen Zuchtversuche zu unternehmen.

Bei Jungvögeln aus einer Brut können Farben und Zeichnungen unterschiedlich ausfallen. (Foto: Pfeffer)

Weitergabe der Vögel

Ein wichtiges Kapitel bei der Zucht von leicht züchtbaren Heimtieren stellt heute die Frage nach der Weitergabe der Jungtiere dar. Bei Arten mit einer Neigung zur Überproduktion kommt man als Halter leicht in die Verlegenheit, seine Tiere irgendwann einmal auch abgeben zu müssen. Aber wohin? Zeitungsinserate, Anzeigenzettel in Zoogeschäften und Mund-zu-Mund-Propaganda sorgen sicherlich für einige Abnehmer. Auf Dauer sollte die Menge der eigenen Nachzuchten aber so weit reguliert werden, dass sich stets verantwortungsbewusste Abnehmer finden lassen und nicht eines Tages unadäquate Wege beschritten werden müssen. Die gerade zur Urlaubszeit herrenlos in Parks und anderen öffentlichen Grünanlagen herumfliegenden Wellensittiche können ein trauriges Lied von der „Entsorgungsmentalität" mancher Zeitgenossen singen, die sicherlich in keiner Weise nachahmenswert ist. Daher ist es wichtig, sich immer schon rechtzeitig um geeignete Halter für den Nachwuchs zu kümmern.

Auch wer gezüchtete Wellensittiche weitergibt, sollte auf eine artgerechte und paar- oder gruppenweise Haltung achten. (Foto: Lantermann)

Dank

Ich danke zunächst meinem Mann Werner Lantermann für seine Unterstützung und die Bereitstellung von Fotos. Mein Dank gilt weiterhin der Lektorin Frau Dr. Gabriele Lehari, die mein Buch von A bis Z betreut, manche Verbesserungsvorschläge gemacht und die Bildauswahl koordiniert hat.

Fachzeitschriften

Die Gefiederte Welt
Ulmer-Verlag
Postfach 70 50 61
70574 Stuttgart

Die Voliere
Schaper-Verlag
Kalandstr. 4
31061 Alsfeld

Papageien
Arndt-Verlag
Brückenfeldstr. 30
75 015 Bretten

WP-Magazin
Arndt-Verlag
Brückenfeldstr. 30
75 015 Bretten

Wellensittich-Magazin
Schaper-Verlag
Kalandstr. 4
31 061 Alfeld